SOUS
PURER GENUSS
VIDE

MICHAEL KOCH • GUIDO SCHMELICH

SOUS VIDE

PURER GENUSS

EMF

EIN BUCH DER
EDITION MICHAEL FISCHER

VORWORT

Die Ursprünge des Sous-Vide-Garens reichen zurück bis in die 70er-Jahre; das Verfahren selbst wurde erstmals in Frankreich angewendet, war aber aufgrund der allgemein schwierigen Handhabung für den privaten Gebrauch zunächst kaum geeignet. Die Geräte von damals kamen aus dem Bereich der Chemie oder biologischen Laboratorien und waren viel zu teuer und unpraktisch. Eingesetzt wurden sie anfangs vor allem zur Herstellung von Convenience Food in der Industrie.

Heute sieht die Sache schon ganz anders aus. Es gibt Geräte für die Gastronomie ebenso wie für den ambitionierten Hobbykoch zu Hause – platzsparende Sous-Vide-Sticks, die in jede Schublade passen und den Geldbeutel schonen, und größere Profi-Thermalisierer für große Mengen an Zutaten. Das Gute daran: die Resultate weichen nur geringfügig voneinander ab.

Aufgrund der effizienten und genauen Garmethode war die Sous-Vide-Technik in ihren Anfangszeiten vor allem in der Gastronomie beliebt. Fleisch oder Fisch wurde einfach vakuumiert, im Wasserbad gegart und schließlich angebraten. Manche Köche sollen ihre Zutaten sogar in die Spülmaschine gesteckt haben, um die Hitze des Spülwassers auszunutzen, natürlich in Vakuumbeuteln. Und eh man sichs versah, war das neue Kochverfahren in aller Munde und auf jedem Teller.

Genau genommen ist das Sous-Vide-Garen eine Weiterentwicklung des Pochierens, nur eben schonender und technisch ausgereifter. Und so passt es heute perfekt in unsere Zeit, in der eine gesunde Ernährung wichtiger und populärer ist denn je. Mit dieser fast vollautomatischen Gartechnik ist das Kochen nicht nur gesünder, sondern auch um einiges stressfreier geworden. Die Speisen garen mehr oder weniger von alleine, und zwar auf den Punkt. Ein Verkochen ist nahezu unmöglich. Und wer kennt das nicht? Sie haben Gäste eingeladen, die Kinder brauchen Aufmerksamkeit, und im Haushalt gibt es auch noch einiges zu tun. Die Sous-Vide-Technik leistet hier gute Dienste. Ohne Angst haben zu müssen, dass beim Kochen etwas danebengeht, bereitet sich das Essen ganz nebenbei im Hintergrund zu. Das setzt zwar etwas Planung und Genauigkeit voraus, doch Ihre Nerven werden es Ihnen sicherlich danken.

In diesem Buch geht es uns in erster Linie darum, Ihnen die Einfachheit des Sous-Vide-Garens zu verdeutlichen. Trotz einiger »Umgewöhnungen« werden Sie schnell merken, dass diese Methode enorme Vorteile mit sich bringt, hinter denen eventuelle Nachteile schnell verblassen. Einfacher kann ernährungsbewusstes Selberkochen wirklich nicht sein. Und unsere praktischen Anwendungsbeispiele, sprich unsere Rezepte, werden Sie ganz bestimmt überzeugen.

Zwar sollten Sie sich zu Beginn und zur Gewöhnung an die Sous-Vide-Methode lieber etwas enger an die vorgegebenen Zutaten und Kochschritte halten, doch dieses Buch soll Sie ebenfalls dazu inspirieren, selbst kreativ zu werden. Mit etwas Übung haben Sie den Dreh nämlich ganz schnell raus und sind dank unserer vielen Gartabellen zu Fleisch, Fisch, Gemüse und mehr ab Seite 17 in der Lage, Zutaten nach eigenem Gusto einfach auszutauschen und sich eigene Menüs zusammenzustellen. Wir glauben, dass das Sous-Vide-Garen für den Alltag zu Hause bestens geeignet und längst nicht mehr nur Sache der gehobenen Gastronomie ist.

Raffinierte Streetfood- und Fast-Food-Gerichte? Kein Problem. Ein schicker Nachtisch, um beim ersten Date etwas Eindruck zu schinden? Suchen Sie sich etwas aus unseren Dessertrezepten aus. Oder lieber doch mal was Festliches für Weihnachten oder die Geburtstagsfeier? In diesem Buch werden Sie garantiert für jede Gelegenheit etwas finden. Selbst das Herstellen von Joghurt, das Einkochen von Kompott oder Eierlikör oder das perfekte Frühstücksei sind dabei. Sie werden Ihre helle Freude haben und sich wundern, was Sous-Vide inzwischen alles zu bieten hat. Dazu laden wir Sie herzlich ein und wünschen Ihnen ganz viel Spaß beim Entdecken der vielen Möglichkeiten.

Guido Schmelich und Michael Koch

INHALT

HAUPTGERICHTE MIT FLEISCH 85

HAUPTGERICHTE MIT FISCH 123

DIE BASICS

SOUS-VIDE

DAS GAREN AUS EINER ANDEREN WELT?

Zugegeben, ein im Wasserbad schwimmender Plastikbeutel, dessen Inhalt mehrere Stunden vor sich hingart, ist wohl keineswegs das, was man unter einem sinnlichen Kocherlebnis versteht. Kein Brutzeln, Zischen oder Blubbern, selbst die gewohnten Gerüche aus der Küche bleiben aus – nur das leise Surren des Sous-Vide-Sticks ist zu hören, der mit einer Engelsgeduld seinen Dienst am luftdicht eingeschweißten Gargut verrichtet. Klingt etwas steril, und vermutlich ist es das auch. Umso erstaunlicher, wenn sich später auf dem Teller ein Ergebnis offenbart, das man so nur in erstklassigen und hochpreisigen Restaurants erwarten würde. Eine perfekte Konsistenz, gepaart mit einem unvergleichlichen Geschmackserlebnis, das einen in die höchsten Höhen kulinarischer Genüsse katapultiert. Und das ist keineswegs übertrieben. Sous-vide gegartes Essen ist in vielerlei Hinsicht anders. Aromatischer, sinnlicher, spannender. Und das beschreibt es noch nicht einmal ansatzweise …

SOUS-VIDE – WAS IST DAS EIGENTLICH?

Wörtlich aus dem Französischen übersetzt bedeutet es »unter Vakuum« und bezeichnet das Garen von vakuumierten Speisen im Wasserbad, dessen Temperatur zwischen 40 und 90 Grad liegt. Durch das Einschweißen des Garguts in einen Vakuumbeutel gelangt von außen sicher nichts hinein und von innen sicher nichts hinaus. Aromen, Feuchtigkeit und Geschmacksstoffe bleiben zuverlässig da, wo sie hingehören, nämlich im Fleisch oder Fisch, Gemüse oder Obst. Das ist letztlich das ganze Geheimnis, oder, wenn man so will, die Magie hinter der Sous-Vide-Methode.

STICHWORT KOLLAGEN

Oder ist am Ende vielleicht doch alles nur – Chemie? Betrachten wir einmal das Stichwort Kollagen etwas genauer. Das ist ein Fachbegriff, der in der Sous-Vide-Küche immer wieder auftaucht, da er einen entscheidenden Einfluss darauf hat, ob wir ein Stück Fleisch als zart oder als zäh empfinden. Kollagen ist ein Protein, ein organischer Bestandteil des Bindegewebes, der das Muskelfleisch fest zusammenhält. Ein stark beanspruchter Muskel, beispielsweise im Bein, in der Schulter oder der Brust, enthält verhältnismäßig viel Kollagen. Im Gegensatz zu eher wenig beanspruchten Muskelpartien wie etwa dem Lendenbereich, der ein ganz besonders zartes Filetstück abgibt.

Kollagenreiches Fleisch erfordert eine spezielle, intensivere Zubereitung, das heißt vor allem eine lange Garzeit, da sich kollagenes Eiweiß erst ab einer Temperatur von etwa 70 Grad in weiche, genießbare Gelatine verwandelt und im Mund einen zarten Schmelz entwickelt. Bei hohen Temperaturen, etwa beim Garen im Ofen, vollzieht sich dieser Prozess zwar grundsätzlich schneller, doch der Nachteil liegt auf der Hand: Das Fleisch verliert dabei sehr viel Feuchtigkeit und trocknet aus. Beim Sous-Vide-Garen hingegen bleibt die Feuchtigkeit nahezu vollständig erhalten; das Fleisch wird wunderbar weich, braucht aber wegen der niedrigeren Gartemperatur länger, um die harten Kollagene in zartschmelzende Gelatine zu verwandeln.

DAMPFGAREN ODER SOUS-VIDE?

Dampfgaren ist eine der vielseitigsten und einfachsten Garmethoden in der »gesunden Küche« und erfreute sich schon im Reich der Mitte vor über 2000 Jahren großer Beliebtheit. Gedämpfte Teigrollen- und -taschen, heute bekannt als Dim Sum, waren schon damals schwer in Mode und wurden in einem bauchigen Topf mit schrägwandigem Dampfaufsatz zubereitet. Ein Prinzip, das sich bis heute nicht wesentlich verändert hat, wenngleich das Gargut heutzutage eher in einem Metallsiebeinsatz oder Bambusdämpfer zum Schwitzen gebracht wird. Wer es ganz schick haben will, kann auch auf einen Dampfgarer mit elektronischer Steuerung zurückgreifen – alles eine Frage des Geldbeutels.

Ähnlich wie bei der Sous-Vide-Methode liegen die Vorteile des Dampfgarens auf der Hand. Ohne direkt mit Wasser in Kontakt zu kommen, werden die Speisen besonders schonend zubereitet. Der heiße Wasserdampf strömt direkt auf das Gargut und umschließt es von allen Seiten. Das natürliche Aroma der Lebensmittel wird verstärkt, die für die Gesundheit wichtigen Vitamine und die Farben der Lebensmittel bleiben erhalten. Zudem ist der Gewichtsverlust sehr gering, nichts kann anbrennen oder austrocknen.

Hinsichtlich der Erhaltung empfindlicher Nährstoffe wie Vitaminen, Spurenelementen und Mineralstoffen, ist das Dampfgaren von Gemüse dem traditionellen Kochen weit überlegen. Brokkoli beispielsweise behält während des Dämpfens bis zu 50 Prozent mehr an Vitamin C im Vergleich zum Kochen in Wasser. Paprika kann in puncto Mineralstoffen und Spurenelementen völlig verlustfrei zubereitet werden. Hinzu kommt, dass bei gedämpftem Gemüse die pflanzliche Zellstruktur so aufgeschlossen wird, dass es besonders gut verdaulich wird.

Wie beim Sous-Vide-Garen findet die Methode Dampfgaren aber nicht nur bei Gemüse Verwendung, sondern ebenso bei Fisch, Fleisch oder Desserts. Entscheidender Vorteil hier: Die Lebensmittel können völlig fettfrei zubereitet werden und eignen sich bestens für die Ernährung von Kindern oder für Menschen mit besonderen ernährungsphysiologischen Bedürfnissen.

DIE SACHE MIT DEM SAFT

Die perfekte Textur einer Speise hängt insbesondere von ihrem Feuchtigkeitsgehalt ab. Doch die Frage »Saft oder nicht Saft« ist in der Sous-Vide-Küche endgültig Geschichte. Ein sous-vide gegartes Ragout oder Gulasch liefert die Soße zum Fleisch sozusagen gleich mit, da das Wasser während des Garprozesses im vakuumierten Gargut verbleibt. Ein Austrocknen von Fisch, Fleisch oder Gemüse ist schlicht nicht möglich. Ganz im Gegensatz zur herkömmlichen Schmormethode, bei der durch scharfes Anbraten und lange Garzeit im Schmortopf dem Gargut die Flüssigkeit erst entzogen wird, um sie anschließend in Form einer Soße wieder hinzuzufügen. Auch ein Ausfasern des Fleischs wird bei der Sous-Vide-Garmethode völlig unterbunden, da es während des Garens nicht ständig mit dem Kochlöffel bewegt wird. Gulaschstücke behalten so zum Beispiel ihre perfekte Würfelform vom Schneidebrett bis auf den Teller. Sie sind am Ende aber so zart, dass sie regelrecht auf der Zunge zergehen.

WUNDERBARE RÖSTAROMEN

Wer die besonders schonende Methode des Sous-Vide-Garens für sich entdecken will, muss dennoch nicht auf die wohlschmeckenden Röstaromen verzichten, die gerade beim Genuss von Fleisch nicht fehlen dürfen, ja geradezu essenziell sind. Das Garen im Wasserbad mithilfe eines Sous-Vide-Geräts beschreibt letztlich nur den Hauptgarprozess. Fleisch, Fisch oder Gemüse werden durch die Wärme des Wassers langsam und schonend auf den Punkt gegart, erhalten ihr »Finish« dann aber wie gewohnt in der Pfanne, auf dem Grill oder durch Abflämmen mit einem Bunsenbrenner. Wichtig hierbei ist: Die Hitzeeinwirkung sollte wirklich nur sehr kurz sein, um den Sous-Vide-Effekt nicht zu zerstören; ein paar Sekunden von beiden Seiten reichen völlig aus, um etwa bei Fleisch die äußerste Schicht der Muskelfasern zu karamellisieren.

Dieses sogenannte Rückwärtsgaren, also das Aufbringen einer Kruste nach dem eigentlichen Garvorgang, ist besonders in der Gastronomie gängige Praxis, hat überdies aber noch einen ganz praktischen Nebeneffekt. Dadurch, dass dem relativ niedrig temperierten Gargut vor dem Servieren noch einmal starke Hitze zugeführt wird, ist garantiert, dass es am Tisch warm ankommt und dass alle auf der Oberfläche befindlichen Bakterien und Keime sicher abgetötet werden. Vor allem bei der Zubereitung von Fisch ist das nicht unwesentlich, da die Gartemperatur im Wasserbad lediglich zwischen 40 und 50 Grad liegt. Erst ab 60 Grad haben Bakterien keine Chance mehr. Eine heiße Pfanne ist hier ein guter und wichtiger Vollstrecker.

Es geht aber natürlich auch andersherum, sprich, das Anbraten des Garguts, bevor es eingetütet und vakuumiert ins Wasserbad kommt. Bei dieser Methode haben Röst- und Aromastoffe viel Zeit, sich mit einem zugefügten Fond, Kräutern und Gewürzen zu einem harmonischen Sud zu verbinden, der anschließend als Grundlage für eine wunderbare Soße verwendet werden kann. Dies empfiehlt sich besonders bei klassischen Schmorgerichten wie einem Schulterbraten, einer Lammkeule oder dem oben erwähnten Gulasch.

UND WAS IST MIT GEMÜSE?

Was für Fleisch und Fisch gilt, das gilt im Prinzip auch für alle Arten von Obst und Gemüse. Egal ob Spargel, Pilze, Pfirsiche oder Birnen – im Sous-Vide-Beutel (Vakuumbeutel) erhält alles eine wunderbar knackige Konsistenz, und wie beim Dampfgaren bleiben nicht nur Form und Farbe, sondern auch Vitamine und Mineralstoffe weitgehend erhalten. Der Vakuumbeutel hat das Gemüse im wahrsten Sinne fest im Griff, denn nichts dringt nach außen und nichts kommt hinein – das ist Essenszubereitung in seiner pursten und gesündesten Form.

Apropos gesund: Durch die besondere Haptik, Konsistenz und den unvergleichlichen und intensiven Geschmack sous-vide gegarter Speisen ist diese Garmethode insbesondere für die Ernährung von Kindern eine absolut empfehlenswerte Alternative.

Darüber hinaus macht dieses Essen auch einfach Spaß. Es lässt sich ideal vorkochen und ist unterm Strich die wohl klügste Art, einen eigenen Vorrat an Fertigprodukten anzulegen. Sous-vide gegarte Speisen lassen sich in den meisten Fällen problemlos einfrieren und bedarfsweise schnell wieder erwärmen. Auch der Gefrierbeutel ist bereits inklusive. Praktischer geht es wirklich nicht.

SOSSEN, DESSERTS UND EINGEMACHTES

Ja, selbst hier ist die Sous-Vide-Garmethode sinnvoll, vor allem, wenn es um Speisen auf der Basis von Eiern geht, die durch das gradgenaue Garverfahren am Ende eine traumhafte Konsistenz bei Soße oder Dessert erzeugen. Eine sous-vide gegarte Sauce hollandaise (siehe S. 168) beispielsweise, bei der sämtliche Zutaten erst im Beutel erwärmt und dann nur noch mit einem Stabmixer aufgemixt werden, hat eine Textur, die mit der sonst üblichen nicht zu vergleichen ist. Das Gleiche gilt für Puddings, Cremes oder Soßen. Man will es manchmal nicht glauben, welch eklatanter Unterschied sich durch das perfekte Zusammenspiel von Zeit und Temperatur ergibt, sofern sie optimal auf die jeweiligen verwendeten Lebensmittel eingestellt sind.

Auch beim Digerieren, also der Extraktion bestimmter Substanzen aus einem festen Stoff, ist das Sous-Vide-Garverfahren die beste aller Optionen. Als Beispiel sei hier unser Rezept für den Hibiskus-Granatapfel-Himbeersirup (siehe S. 176) erwähnt. Nur die »guten« Stoffe und Aromen werden aus den getrockneten Blüten extrahiert und nicht, wie sonst üblich, mit kochend heißem Wasser herausgebrüht. Der Unterschied ist ganz deutlich spürbar. Der Geschmack ist feiner und reiner. Ja, einfach um Welten besser.

GARZEITEN UND AUFWAND

Garzeiten von 48 oder sogar 76 Stunden klingen im ersten Moment etwas schockierend, wenngleich sie in der alltäglichen Sous-Vide-Küche eher die Ausnahme sind und vor allem die eingangs erwähnten kollagenreichen Lebensmittel betreffen. Gut Ding will eben Weile haben, könnte man sagen, doch es empfiehlt sich, auch lange garende Gerichte durchaus einmal auszuprobieren und sich darauf einzulassen. Das Ergebnis spricht für sich! Ein sous-vide gegartes Pulled Pork oder die bei BBQ-Fans begehrten Fall-off-the-bone Beef Ribs hinterlassen garantiert einen bleibenden Eindruck.

Während die meisten Fischgerichte und Gemüse mit einer Garzeit von etwa einer halben Stunde auskommen, muss man für Fleischgerichte der Kategorie »Kurzgebratenes« etwa ein bis zwei Stunden investieren, um sie perfekt und auf den Punkt zu garen. Das Gute daran: das Essen kocht sich im Prinzip von selbst. Die inzwischen erschwinglichen Sous-Vide-Sticks schalten sich nach der zuvor eingegebenen Garzeit automatisch ab, beziehungsweise geben mit einem Tonsignal Bescheid, wenn ihr Job erledigt ist.

VORAUSSCHAUEND PLANEN

Mit etwas Planung ist die Sous-Vide-Garmethode also eher unaufwendig, da man nicht die ganze Zeit am Herd stehen und auf den Topf achten muss. Selbst ein kurzfristiges Verlassen der Wohnung ist kein Problem. Wer sein Sous-Vide-Gerät richtig und effizient nutzt, kann eine Menge Zeit sparen und andere Dinge erledigen, während sich zuhause das Essen quasi von alleine zubereitet.

Bei mehreren Beuteln, deren Inhalte unterschiedliche Temperaturen und Garzeiten benötigen, wird es allerdings schon ein wenig komplizierter oder, andersherum: planungsintensiver. Doch wenn Sie sich erst einmal daran gewöhnt haben und sich auf diese spannende Kochmethode ganz und gar eingelassen haben, möchten Sie sie irgendwann nicht mehr missen. Die Ergebnisse sind einfach so phänomenal, dass man dafür das bisschen Mehr an Logistik liebend gern in Kauf nimmt.

GARZEITEN UND TEMPERATUREN

FLEISCH UND GEFLÜGEL

Fleisch und Geflügel haben ganz unterschiedliche Garzeiten. Die Palette reicht von sehr kurz (35–60 Minuten) bis sehr lang (6–26 Stunden oder länger) – je nachdem, um welches Teilstück es sich handelt und ob geschmort oder kurz gebraten wird.

FLEISCH	TEMPERATUR	GARZEIT	BEIGABEN FÜR DEN BEUTEL/REZEPT
RINDERFILET, 6cm dick	56°C	2 Std.	Olivenöl, Thymian, Knoblauchscheiben
RUMPSTEAK, 2,5cm dick	56°C	18 Std.	Rezept nach Belieben
RINDERRAGOUT	75°C	3 Std.	Butter, Thymian
KALBSRÜCKEN, rosa braten	56°C	1 Std. 30 Min.	Olivenöl, Pfeffer, Thymian, Senf
KALBSBEINSCHEIBEN zum Schmoren	65°C	24 Std.	Rezept nach Belieben
KALBSBÄCKCHEN zum Schmoren	65°C	26 Std.	Rezept nach Belieben
SCHWEINEFILET, 5cm dick	58°C	1 Std.	Olivenöl, Petersilie
SCHWEINENACKEN zum Braten, 4cm dick	58°C	4 Std.	Olivenöl, Thymian, Chiliflocken, Salz
SCHWEINEBAUCH zum Braten	65°C	24 Std.	Butter, Sojasauce, Rauchsalz
KASSLER, gepökelt	65°C	3 Std.	Fleischbrühe, Lorbeerblatt
LAMMKARREE	58°C	30 Min.	Olivenöl, Knoblauchscheiben, Thymian
LAMMLACHSE	58°C	25 Min.	Olivenöl, Knoblauchscheiben, Thymian
KANINCHENKEULEN zum Schmoren	80°C	6 Std.	Rezept nach Belieben

FLEISCH	TEMPERATUR	GARZEIT	BEIGABEN FÜR DEN BEUTEL/REZEPT
REHRÜCKEN	62 °C	35 Min.	Butter, Wacholderbeeren, Lorbeerblatt
HIRSCHFILET	62 °C	25 Min.	Butter, Wacholderbeeren, Thymian
HÄHNCHENBRUST, 3,5 cm dick	60 °C	1 Std.	Olivenöl, Thymian
ENTENBRUST, 3 cm dick	62 °C	35 Min.	Olivenöl, Orangenschale, Thymian
ENTENKEULEN zum Schmoren	78 °C	9 Std.	Rezept nach Belieben

GRILL-SPEZIAL

Mit der richtigen Vorbereitung wird ein Grillfest zu einer ganz entspannten Sache, auch, wenn viele Gäste zu bewirten sind. Große Fleischstücke können Sie problemlos bereits am Vortag im Vakuum marinieren und bereits garen, damit die Aromen ins Fleisch gelangen. Am Tag danach kommt das Gargut samt Vakuumbeutel noch einmal bei 80 °C für etwa eine Stunde ins Wasserbad, um es aufzuwärmen. Anschließend wird es für die Grillaromen auf dem heißen Grill rundherum scharf angegrillt. Kleine Fleischteile, bis zu 5 cm dick, sollten mehrere Stunden vorher vorgegart werden, damit die Fleischstruktur erhalten bleibt.

GRILLGUT	TEMPERATUR	GARZEIT
SPARE RIBS	62 °C	24 Std.
BEEF RIBS	65 °C	48 Std.
BRISKET (RINDERBRUST), 6 cm dick	65 °C	72 Std.
T-BONE, 4–5 cm dick	56 °C	1 Std. 30 Min.
HANGING TENDER, 4–5 cm dick	54 °C	1 Std. 30 Min.
FLANKSTEAK, 4 cm dick	54 °C	12 Std.
RIB EYE STEAK, 5–6 cm dick	56 °C	2 Std.
LAMMHAXE	62 °C	48 Std.
LAMMKARREE	58 °C	1 Std.
SCHWEINEFILET, 5 cm dick	58 °C	1 Std.
HÄHNCHENBRUST, 4 cm dick	62 °C	1 Std.
CHICKENWINGS	64 °C	2 Std.

FISCH UND MEERESFRÜCHTE

Fisch und Meeresfrüchte werden bis auf ein paar Ausnahmen, wie der Oktopus, bei sehr niedriger Temperatur gegart, damit das Eiweiß nicht gerinnt und alle Inhaltsstoffe erhalten bleiben.

FISCH UND MEERESFRÜCHTE	TEMPERATUR	GARZEIT	BEIGABEN FÜR DEN BEUTEL/REZEPT
GARNELEN, geschält und entdarmt	56 °C	20 Min.	Chiliflocken, Knoblauchscheiben, Thymian, Olivenöl
HEILBUTTFILET	48 °C	18 Min.	Olivenöl
JAKOBSMUSCHELN	46 °C	25 Min.	Olivenöl, Chiliflocken, Thymian
KABELJAUFILET	52 °C	20 Min.	Olivenöl, Pfeffer, Petersilie
LACHSFILET mit Haut, 4 cm dick, zum Braten	46 °C	50 Min.	Olivenöl, Pfeffer
OKTOPUS	80 °C	6 Std.	Olivenöl, Lorbeerblatt, Knoblauchscheiben
SCHWERTFISCH, 3 cm dick	48 °C	25 Min.	Olivenöl, Zitronenthymian
SEEFORELLENFILET ohne Haut	46 °C	20 Min.	Olivenöl, Petersilie
SEETEUFEL, 4 cm dick	60 °C	20 Min.	Olivenöl, Rosmarin, Knoblauchscheiben
THUNFISCH, 3 cm dick	46 °C	25 Min.	Olivenöl, Sesamöl, Koriandergrün
WOLFSBARSCHFILET mit Haut, zum Braten	46 °C	25 Min.	Olivenöl, Pfeffer, Zitronenthymian
ZANDERFILET	46 °C	20 Min.	Olivenöl, Dill

GEMÜSE

Gemüse wird wie sonst auch je nach Rezept gewaschen, geputzt und eventuell geschält. Und im Gegensatz zu Fleisch und Fisch wird Gemüse im Sous-Vide-Verfahren bei 85 °C gegart, weil erst dann die Zellstruktur aufbricht.

GEMÜSE	TEMPERATUR	GARZEIT	BEIGABEN FÜR DEN BEUTEL/REZEPT
ARTISCHOCKEN, klein, halbiert	90 °C	1 Std.	Olivenöl, Zitronensaft, Salz, Thymian
AUBERGINEN, halbiert	90 °C	1 Std.	Olivenöl, Thymian, Salz, Knoblauchscheiben
BLUMENKOHL-RÖSSCHEN	85 °C	1 Std.	Butter, Wasser, Muskat, Salz
CHAMPIGNONS, geviertelt	85 °C	20 Min.	Thymian, Butter, Salz
FENCHEL, 1 cm große Spalten	85 °C	1 Std.	Orangensaft, Fenchelsamen, Salz, Olivenöl, Honig
GRÜNE BOHNEN	85 °C	1 Std. 15 Min.	Bohnenkraut, Butter, Salz
GRÜNER SPARGEL, ungeschält	85 °C	25 Min.	Butter, Salz, Zucker, etwas Wasser
JUNGE KARTOFFELN, halbiert	90 °C	1 Std.	Butter, Salz
KARTOFFELN, 1 cm große Würfel	85 °C	40 Min.	Butter, Gemüsebrühe, Salz
KIRSCHTOMATEN, ganz	75 °C	40 Min.	Olivenöl, Rosmarin, Salz
KOHLRABI, 1 cm große Spalten	85 °C	40 Min.	Butter, Salz, Zucker, Gemüsebrühe
MÖHREN, 0,5 cm dicke Scheiben	85 °C	40 Min.	Olivenöl, Salz, Orangensaft
PETERSILIENWURZEL, ganz	85 °C	1 Std. 10 Min.	Gemüsebrühe, Salz, Lorbeerblatt
ROTE BETE, 2,5 cm große Spalten	85 °C	1 Std. 30 Min.	Honig, Aceto balsamico, Rote-Bete-Saft, Salz
ROTE BETE, 1 cm große Würfel	85 °C	50 Min.	Honig, Aceto balsamico, Rote-Bete-Saft, Salz

GEMÜSE	TEMPERATUR	GARZEIT	BEIGABEN FÜR DEN BEUTEL/REZEPT
STAUDENSELLERIE	85 °C	25 Min.	Salz, Zucker, etwas Wasser
SÜSSKARTOFFEL, 1 cm große Würfel	85 °C	30 Min.	Olivenöl, Korianderkörner, Salz
WEISSER SPARGEL, geschält	85 °C	25 Min.	Butter, Zitronenschale, Salz, Zucker, etwas Wasser
ZUCCHINI, 1,5 cm dick	85 °C	20 Min.	Olivenöl, Thymian, Salz

OBST

Obst am besten immer am Vortag garen, damit beim Ziehenlassen über Nacht die unterschiedlichen Aromen in das Gargut eindringen können.

OBST	TEMPERATUR	GARZEIT	BEIGABEN FÜR DEN BEUTEL/REZEPT
ANANAS, längs geviertelt, ohne Strunk, zum Grillen	85 °C	1 Std. 10 Min.	Butter, Honig, Zimtstange, Vanillemark
APRIKOSENHÄLFTEN	62 °C	25 Min.	Aprikosensaft, Vanillemark, Zucker
BANANEN, geschält, zum Braten	65 °C	30 Min.	Kokosmilch, Honig, Vanillemark
BIRNENVIERTEL	85 °C	45 Min.	Birnensaft, Honig, Rosmarin, Vanillemark
FEIGEN, ganz	65 °C	25 Min.	Rosmarin, Portwein, Honig
HIMBEEREN, ganz	65 °C	20 Min.	Zucker, Vanillinzucker, Himbeersaft
PFIRSICHHÄLFTEN	65 °C	25 Min.	Pfirsichsaft, Vanillemark, Zucker
PFLAUMENHÄLFTEN	75 °C	30 Min.	Zucker, Butter, Vanillemark
RHABARBER, 8 cm lange Stücke	75 °C	20 Min.	Rhabarbersaft, Zucker, Vanillemark
WEINTRAUBEN	75 °C	15 Min.	Traubensaft, Zucker, Butter

DAS PERFEKTE EI

Das Ei hat in der Sous-Vide-Küche einen besonderen Stellenwert, denn es bringt seine Verpackung sozusagen schon mit. Genau das machen wir uns beim Garen auch zunutze, indem das Ei einfach ins Wasserbad gelegt wird.

KONSISTENZ	TEMPERATUR	GARZEIT
SEHR WEICHES EI	62°C	35 Min.
WEICHES EI	65°C	30 Min.
WACHSWEICHES EI	72°C	22 Min.
FESTES EI	75°C	20 Min.
HARTES EI	85°C	15 Min.

DIE HARDWARE

TOPF, THERMOMETER UND BEUTEL

Wer das Sous-Vide-Garen erst einmal ausprobieren will, muss sich nicht gleich mit sündhaft teurem Profi-Equipment eindecken. Fürs erste reichen ein großer Topf, ein Küchenthermometer, um die Wassertemperatur zu messen, und ein Ziplock-Beutel. Das Gargut, Kräuter und Gewürze werden einfach in den Beutel gelegt und die Luft (so gut es geht) herausgedrückt. Am besten funktioniert das, indem man den Beutel vorsichtig unter Wasser führt, sodass die Luft entweicht. Dass dabei auf keinen Fall Wasser in den Beutel gelangen sollte, versteht sich von selbst.

Dann ist etwas Fingerspitzengefühl gefragt: Sobald die entsprechende Wassertemperatur erreicht ist, geht der Beutel auf Tauchstation – zumindest im Idealfall. Sollte er an der Oberfläche schwimmen, kann er mit einem wasserfesten Gegenstand beschwert werden. Das Regulieren der Temperatur erfolgt bei dieser Methode sozusagen manuell, und das Thermometer sollte dauerhaft im Wasser sein. Um schnell auf unvorhergesehene Temperaturschwankungen reagieren zu können, sollten ein Wasserkocher mit heißem Wasser und ein paar Eiswürfel griffbereit sein.

SOUS-VIDE-STICK, VAKUUMIERER, ISOLIERKUGELN

Etwas komfortabler wird das Garen mithilfe eines sogenannten Sous-Vide-Sticks, den es ab etwa 100 Euro gibt, und eines Vakuumierers ab etwa 50 Euro.

Bei der Wahl der Beutel achten Sie darauf, dass sie kochfest und frei von BPA (Bisphenol A) sind. Auf der Verpackung vieler Beutel steht bereits der Zusatz »sous-vide-geeignet«.

Vor allem bei längeren Garzeiten empfehlen sich zusätzlich noch sogenannte Isolierkugeln, die es für wenig Geld im Handel zu kaufen gibt. Diese etwa einen Zentimeter großen Kunststoffkugeln verhindern zum einen das Aufsteigen des Beutels mit dem Gargut, zum anderen haben sie den Zweck, das Verdunsten des Wassers während des Garvorgangs einzudämmen. Ein Nachgießen von Wasser ist somit auch bei Garzeiten jenseits der 24-Stunden-Marke nicht nötig.

DER THERMALISIERER

Richtig professionell ist man mit einem sogenannten Vollsystem-Thermalisierer unterwegs, der über eine erstklassige Isolierung und zum Teil über mehrere Garbecken verfügt, um verschiedene Garvorgänge parallel durchführen zu können. Mit einem Fassungsvermögen von bis zu 60 Litern lassen sich außerdem große Mengen verarbeiten. Kostenpunkt: mehrere hundert Euro, wenn es etwas Vernünftiges sein soll. Von Billigangeboten sollten Sie Abstand nehmen, da die Thermostate zum Teil sehr ungenau arbeiten.

Und was braucht es sonst noch? Die gute alte Wäscheklammer hat sich beim Kochen mit dem Sous-Vide-Gerät inzwischen ebenfalls als ein äußerst praktisches Hilfsmittel erwiesen. Durch das Festklemmen des Garbeutels am Behälterrand bleibt der Beutel immer an der gleichen Position und steigt nicht an die Wasseroberfläche.

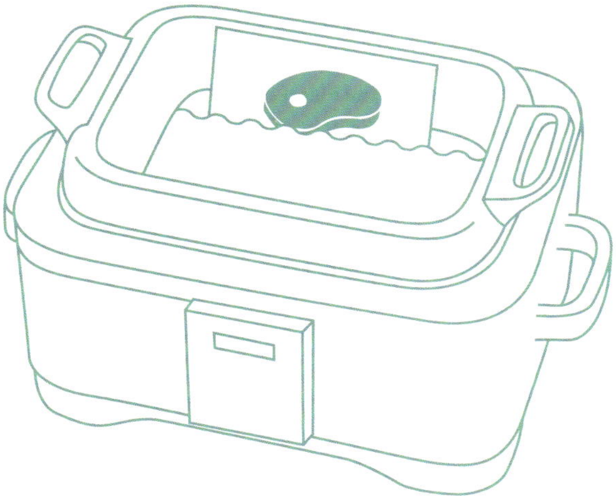

ENERGIE UND EFFIZIENZ

Dass das Kochen nach der Sous-Vide-Methode als eines der energieeffizientesten und somit kostengünstigsten Kochverfahren gilt, ist bei den teilweise langen Garzeiten auf den ersten Blick kaum zu glauben. Und doch ist es so. Wenn das Wasserbad erst einmal auf Temperatur gebracht und die Wasseroberfläche gegebenenfalls mit Isolationskugeln bedeckt ist (siehe links), bedarf es lediglich einer sehr geringen weiteren Energiezufuhr, um den Thermalbehälter auf Temperatur zu halten. Das lässt sich ganz gut mit einer Autofahrt vergleichen. Bei konstanter, mittlerer Geschwindigkeit auf der Autobahn ist der Spritverbrauch nur sehr gering, da die zu bewegende Masse – das Auto – bereits rollt und das »Gasgeben« nur zur Feinregulierung dient. Beim Sous-Vide-Garen ist es genauso. Während des Garprozesses muss lediglich ein verhältnismäßig geringer Wärmeverlust ausgeglichen werden. Das erzeugt selbst bei mehreren Stunden Garzeit selten mehr als einen Euro an Kosten.

Bei höheren Temperaturen ist das Halten der Temperatur natürlich etwas energieintensiver, bleibt aber auch hier im kaum nennenswerten und überschaubaren Rahmen.

Um das Wasserbad zu Beginn des Garverfahrens schneller auf die richtige Temperatur zu bringen, empfiehlt es sich übrigens, bereits warmes beziehungsweise heißes Wasser aus dem Wasserhahn zu verwenden. Da jeder Sous-Vide-Stick oder Thermalisierer mit einem Temperaturfühler ausgestattet ist, lässt sich die Temperatur in Sekundenschnelle ermitteln. Den Rest, also die gradgenaue Anpassung an die Zieltemperatur, übernimmt dann das Gerät für Sie.

SICHERHEIT UND HYGIENE

Das Garen in einem Sous-Vide-Gerät gehört zu den Niedriggarmethoden. Das heißt, das Kochen findet bei einem Temperaturmilieu statt, das besondere Anforderungen an die Hygiene stellt – und das beginnt bereits beim Händewaschen. Alle Gegenstände, die mit dem Gargut in Berührung kommen, müssen penibel gesäubert werden. Das betrifft Messer ebenso wie Schneidebretter oder den Kühlschrank. Insbesondere bei Fisch oder Geflügel ist Vorsicht geboten. Beachten Sie zu Ihrem eigenen Schutz daher immer diese Regeln:

- Lebensmittel vor der Verarbeitung gründlich waschen oder putzen. Schlechte Stellen großzügig entfernen.
- Achten Sie auf eine korrekte Kühlung, das heißt: nicht über 7 Grad im Kühlschrank und bei mindestens -18 Grad im Gefrierschrank.
- Verwenden Sie idealerweise Schneidbretter mit unterschiedlichen Farben für Fleisch, Geflügel, Fisch, Gemüse und Obst.
- Lagern Sie rohe Lebensmittel immer auf getrennten Flächen im Kühlschrank, dann am besten in lebensmittelechten Behältern.
- Planen Sie genügend Zeit ein, um Tiefgefrorenes immer vollständig auftauen zu lassen und gießen Sie das Tauwasser weg.
- Bei Fisch und Geflügel gilt: Nur sehr frische Ware

verwenden. Um eine Kontaminierung mit Keimen auszuschließen, behandeln Sie die Oberflächen der Lebensmittel nach dem Sous-Vide-Garen mit starker Hitze, beispielsweise durch zusätzliches Braten in der Pfanne oder Grillen.

- Risikogruppen wie Schwangere, Kleinkinder und kranke oder ältere Menschen sollten auf den Verzehr von Fleisch oder Fisch, das bei unter 55 Grad gegart wurde, verzichten.

KEIN VORTEIL OHNE NACHTEIL

Bei aller Euphorie sollten Sie sich vor der Anschaffung eines Sous-Vide-Geräts genau informieren und Preise vergleichen, vor allem aber die Vor- und die Nachteile für sich abwägen und sich überlegen, ob diese Garmethode tatsächlich zu Ihnen und Ihrem Haushalt passt.

PRO SOUS-VIDE

- Durch das Vakuumieren können keine Geschmacks- und Aromastoffe entweichen, der Eigengeschmack wird deutlich hervorgehoben.
- Das Gargut kann nicht oxidieren. So bleiben bis zu 40 Prozent mehr Mineralstoffe und 20 Prozent mehr Vitamine enthalten.
- Fleisch und Fisch bleiben bei den niedrigen Temperaturen viel saftiger, da Proteine nicht denaturieren und auswässern. Beim herkömmlichen Kochen verliert Fleisch bis zu 40 Prozent seines Wasseranteils – beim Sous-Vide-Garen gerade einmal 5 Prozent.
- Zutaten werden viel gleichmäßiger gegart. Sowohl die Mitte des Garguts als auch der Rand weisen den gleichen Gargrad auf.
- Lebensmittel können kaum übergart werden, denn die Kerntemperatur ist maximal so hoch wie die umgebende Wassertemperatur.
- Die Texturen, also das »Mundgefühl«, ist bei vielen sous-vide-gegarten Lebensmitteln deutlich angenehmer und besser.
- Die Methode eignet sich bestens zum Vorkochen und zum Anlegen eines eigenen Fundus an gesunden Fertigprodukten.
- Die Speisen garen automatisch, Sie haben Zeit für andere Dinge und müssen in der Küche nicht ständig Wache halten.

CONTRA SOUS-VIDE

- Das Kochfeeling ist etwas steril und sehr technisch.
- Röstaromen, etwa bei Fisch oder kurzgebratenem Fleisch, werden erst nachträglich aufgebracht, da sie beim Sous-Vide-Garen nicht entstehen können.
- Wegen der niedrigen Temperaturen kühlt das Gargut bis zum Servieren schnell ab.
- Während des Garens entsteht kaum Sud, da die Feuchtigkeit in den Lebensmitteln gehalten wird. Soßen, sofern gewünscht, müssen separat zubereitet werden.
- Das Würzen der Speisen erfordert mehr Fingerspitzengefühl, da sich Würzaromen hier wesentlich intensiver entwickeln.
- Der Einsatz von frischem Knoblauch oder kaltgepresstem Olivenöl eignet sich nur bedingt, da beide Zutaten nach langen Garzeiten Bitterstoffe entwickeln. Gute Alternativen sind Knoblauchgranulat und Raps- oder Maiskeimöl.
- Die zum Teil sehr langen Garzeiten erfordern eine längerfristige Planung.
- Die Anforderungen an die Hygiene beim Kochen sind höher, da eine erhöhte Keimbildungsgefahr besteht.

TIPPS

FÜR DEN ALLTAG

DAS PERFEKTE STEAK

Was ein perfektes Steak auszeichnet, liegt wohl in erster Linie im Auge des Betrachters. Während es dem einen gar nicht blutig genug sein kann, muss es für andere unbedingt »well done« sein. Entscheidend ist, dass das Ergebnis reproduzierbar, das heißt immer wieder gleich ist, unabhängig von der Dicke des jeweiligen Fleischstückes. Mit der Sous-Vide-Technik gelingt dies mit spielerischer Leichtigkeit. Hier einige Beispiele:

STEAK	DICKE	TEMPERATUR	GARZEIT
RINDERSTEAK MEDIUM (Filet / Entrecôte / Rumpsteak)	2–3 cm dick	56 °C	1 Std.
	3–4 cm dick	56 °C	1 Std. 30 Min.
	4–5 cm dick	56 °C	2 Std.
RINDERSTEAK RARE (Filet / Entrecôte / Rumpsteak)	3–4 cm dick	49 °C	1 Std. 30 Min.–2 Std.
RINDERSTEAK MEDIUM RARE (Filet / Entrecôte / Rumpsteak)	3–4 cm dick	52 °C	1 Std. 30 Min.–2 Std.
RINDERSTEAK MEDIUM (Filet / Entrecote / Rumpsteak)	3–4 cm dick	56 °C	1 Std. 30 Min.–2 Std.
RINDERSTEAK WELL DONE (Filet / Entrecôte / Rumpsteak)	3–4 cm dick	67 °C	1 Std. 30 Min.–2 Std.

DER GARGRAD

Zartes Fleisch wie Filet oder Rücken ist aufgrund seiner kollagenarmen Beschaffenheit zwar empfindlicher als andere Fleischarten, doch das Sous-Vide-Verfahren verzeiht durchaus den ein oder anderen Fehler bei der Zubereitung. Wenn ein Steak einmal etwas länger gart und noch im Wasserbad bleibt, hat dies nicht unbedingt einen negativen Einfluss auf das Endergebnis – entscheidend ist die Mindestgarzeit und das Erreichen der Kerntemperatur. Erst wenn das Fleisch bedeutend länger im Wasserbad verweilt als vorgesehen, wird es so weich, dass es eine fast breiartige Konsistenz bekommt und ungenießbar wird.

Bevor ein Steak in den Vakuumierbeutel kommt, sollte es Zimmertemperatur haben, unter fließendem Wasser abgespült und mit Küchenpapier trockengetupft werden.

Je hygienischer Sie arbeiten, desto besser. Selbst beim Gargrad »Medium Rare« ist die Temperaturgrenze, bei der Keime sicher abgetötet werden, noch nicht erreicht.

Sobald das Fleisch (gegebenenfalls mit Kräutern und Gewürzen) im Garbeutel vakuumiert ist, kommt es ins vortemperierte Wasserbad. Am Timer wird die Garzeit eingestellt – und das war's. Der Rest geschieht von alleine.

Das Finish erfolgt, wie in den meisten Rezepten beschrieben, in der heißen Pfanne oder auf dem Grill. Dabei wird das Fleisch jeweils von beiden Seiten 30–60 Sekunden lang scharf angebraten. Für eine besonders schöne Kruste reiben Sie das vorgegarte Fleisch zuvor leicht mit Öl ein.

Den Bratensaft, der beim Garen im Beutel ist, können Sie zu einer Soße verarbeiten oder mit etwas Butter durch Aufmixen mit einem Stabmixer strecken.

WEIHNACHTS-SPEZIAL

Gerade zur Weihnachtszeit eignet sich die Sous-Vide-Methode hervorragend, um für das Fest Menüs für Familie und Gäste vorzubereiten. Jeder weiß, wie stressig das Einkaufen und die Vorbereitung der Feiertage sein können. Jede Minute, die Sie einsparen können, bedeutet Freizeit – und die ist Gold wert. An dieser Stelle zeigen wir Ihnen, was Sie an Selbstgemachtem verschenken und wie Weihnachtsmenüs kombiniert werden können.

GESCHENKE AUS DEM WASSERBAD

Eingelegte Salzzitronen (siehe S. 164)
Chai-Eierlikör (siehe S. 169)
Dulce de Leche (siehe S. 172)
Hibiskus-Granatapfel-Himbeersirup (siehe S. 176)

Alles in schöne Gläser und Flaschen gefüllt und hübsch verpackt.

WEIHNACHTSMENÜ DE LUXE

APERITIF: *Hibiskus-Granatapfel-Himbeersirup (siehe S. 176) mit Champagner*
VORSPEISE: *Bouillabaise mit Rouille (siehe S. 156)*
HAUPTGERICHT: *Rehrücken mit Walnusskrokant, Spitzkohl und Preiselbeeren (siehe S. 96)*
DESSERT: *Warmer Schokoladenkuchen mit Sahne und Buchweizenkrokant (siehe S. 196)*

APERITIF

VORSPEISE

HAUPTGERICHT

DESSERT

WEIHNACHTSMENÜ QUICK AND EASY

VORSPEISE: *Junge Butterkartoffeln mit Räucherlachs, Schmand und Limettensalz* *(siehe S. 54)*
HAUPTGERICHT: *Hirschfilet mit Portweinfrüchten und Süßkartoffelpüree* *(siehe S. 116)*
DESSERT: *Gedämpfte Topfenknödel mit Bröselschmelze und Mango* *(siehe S. 182)*

WEIHNACHTSMENÜ LIGHT

VORSPEISE: *Vitello mit Thunfischtatar, Crème fraîche und Kapernvinaigrette* *(siehe S. 58)*
HAUPTGERICHT: *Kabeljau im Tomatensud mit Estragonöl und Avocadocreme* *(siehe S. 130)*
DESSERT: *Vanillecreme mit Ahornsirup und schwarzem Vulkansalz* *(siehe S. 186)*

WEIHNACHTSMENÜ KLASSISCH

APERITIF: *Chai-Eierlikör (siehe S. 169)*
VORSPEISE: *Rindertatar mit Sous-Vide-Ei, Wildkräutersalat und Kartoffelchips (siehe S. 44)*
HAUPTGERICHT: *Entenkeulen mit Rotweinschalotten und Selleriepüree (siehe S. 104)*
DESSERT: *Sous-Vide-Apfel mit Vanilleeis und Dulce de Leche (siehe S. 198)*

HAUPTGERICHT

DESSERT

VORSPEISE

KOCHEN AUF VORRAT

Wir empfehlen Ihnen die Sous-Vide-Methode auch für das Anlegen eines kleinen Vorrats. Aufgrund des Garens in einem Vakuumbeutel oder in sterilisierten Weckgläsern können Sie Lebensmittel mühelos einkochen, haltbar machen und auch einfrieren. Hier einige Rezepte, die dafür besonders geeignet sind.

BEINSCHEIBE VOM KALB **(SIEHE S.120)**

BUNTE TOMATENSOSSE MIT LEICHTEM TRÜFFELAROMA **(SIEHE S. 150)**

CARNITA-TACOS **(SIEHE S. 76)**

BLUMENKOHL-KOKOSCREMESUPPE **(SIEHE S. 154)**

DULCE DE LECHE (SIEHE S. 172)

ENTENRILETTE (SIEHE S. 48)

CHAI-EIERLIKÖR (SIEHE S. 169)

KONFIERTE KNOBLAUCHZEHEN IM GLAS (SIEHE S. 174)

EINGELEGTE SALZZITRONEN (SIEHE S. 164)

FRÜHSTÜCKSFLEISCH IM GLAS (SIEHE S. 61)

HIBISKUS-GRANATAPFEL-HIMBEERSIRUP (SIEHE S. 176)

KANINCHENKEULE (SIEHE S. 100)

RINDERRAGOUT, IN COLA GEGART (SIEHE S. 115)

KALBSBÄCKCHEN (SIEHE S. 92)

ENTENKEULEN (SIEHE S. 104)

HÜHNERSUPPE MIT EIERSTICH (SIEHE S. 155)

PULPO (SIEHE S. 138)

RHABARBER-VANILLE-KOMPOTT (SIEHE S. 166)

TÖTTCHEN (SIEHE S. 62)

MÖHREN MIT ORANGEN-HONIG-BUTTER UND KNUSPERPARMESAN (SIEHE S. 146)

REZEPTE

VORSPEISEN & KLEINIGKEITEN

GARZEIT: 30 MIN.
ZUBEREITUNGSZEIT: 25 MIN.

FÜR 4 PERSONEN

RINDERTATAR

MIT SOUS-VIDE-EI, WILDKRÄUTERSALAT UND KARTOFFELCHIPS

ZUTATEN

4 frische Bio-Eier (Größe L)

FÜR DAS TATAR
500 g Rinderfilet
2 Schalotten
1 TL Kapern
4–5 Cornichons
1 TL Dijon-Senf
1–2 TL Ketchup
Tabasco
Worcestersoße
2 EL gutes Olivenöl
Salz, Pfeffer

FÜR DIE KARTOFFELCHIPS
300 g festkochende Kartoffeln
1 l neutrales Pflanzenöl

AUSSERDEM
100 g gemischte Wildkräuter (wahlweise Salatkräuter, nach Belieben)
4 Radieschen
1 Metallring (ø 8 cm)

ZUBEREITUNG

1. Die Eier mit Schale im Wasserbad bei **65 °C 30 Minuten** garen.

2. Für das Tatar das Filet von Fett und Sehnen befreien. Das Fleisch erst in dünne Scheiben, diese in feine Streifen schneiden und die Streifen fein würfeln. Die Schalotten schälen, halbieren und fein würfeln. Kapern und Cornichons fein hacken. Beides mit den Schalotten und dem Fleisch in einer Schüssel mischen. Senf und Ketchup zugeben. Nach Geschmack mit etwas Tabasco, Worcestersoße, Olivenöl, Salz und Pfeffer würzen.

3. Die Kartoffeln schälen und mit einem Gemüsehobel in feine Scheiben hobeln. Die Scheiben für 10 Minuten in kaltes Wasser legen, danach auf Küchenpapier geben und trocken tupfen. Das Pflanzenöl in einem Topf erhitzen, die Kartoffelscheiben darin portionsweise goldbraun frittieren. Die Chips auf Küchenpapier entfetten und etwas salzen.

4. Die Wildkräuter waschen und trocken tupfen. Die Radieschen waschen, putzen und in feine Scheiben schneiden. Das Tatar mithilfe eines Metallrings auf Teller geben. Je ein Ei aufschlagen und dazulegen. Mit Kartoffelchips, Kräutersalat und Radieschen garniert servieren.

TIPP

Alternativ können Sie fertige gesalzene Kartoffelchips oder mit Chiliflakes bestreutes Popcorn verwenden.

GARZEIT: 25 MIN.
ZUBEREITUNGSZEIT: 25 MIN.
TROCKNEN: 3 STD.

FÜR 4 PERSONEN

THUNFISCH »NIZZA«

MIT SCHWARZEM OLIVENSALZ

ZUTATEN

FÜR DAS OLIVENSALZ
50 g getrocknete schwarze Oliven
100 g grobes Meersalz

FÜR DEN THUNFISCH
4 Zweige Thymian
500 g frischer Thunfisch (2 Scheiben, ca. 3 cm dick)
3 EL Olivenöl

FÜR DEN SALAT
500 g kleine, festkochende Kartoffeln
Salz
200 g grüne Prinzessbohnen (wahlweise Keniabohnen)
300 g kleine Strauchtomaten
2 TL scharfer Senf
4 EL Weißweinessig
2 EL Mayonnaise
100 ml Gemüsebrühe (wahlweise Geflügelbrühe)
1 TL Puderzucker
100 ml Olivenöl
Pfeffer
50 g Kapern
2 EL gehackte Petersilie

ZUBEREITUNG

1. Den Backofen auf 120 °C (Ober-/Unterhitze) vorheizen. Ein Backblech mit Backpapier auslegen. Die Oliven entsteinen und mit Meersalz in einem Mörser fein zerreiben. Auf dem Blech verteilen und im Ofen 30 Minuten trocknen lassen.

2. Den Thymian waschen und trocken schütteln. Den Thunfisch mit 2 EL Olivenöl und Thymian in einem Vakuumbeutel vakuumieren oder in einen Ziplock-Beutel geben. Im Wasserbad bei **46 °C 25 Minuten** garen.

3. Die Kartoffeln waschen und in kochendem Salzwasser 20–25 Minuten weichgaren. Dann kalt abschrecken, pellen und in 2 cm große Stücke schneiden. Die Bohnen waschen, putzen und in kochendem Salzwasser 5–7 Minuten blanchieren, kalt abschrecken und längs in der Mitte halbieren. Tomaten waschen, von den Stielansätzen befreien, vierteln oder in Scheiben schneiden.

4. Für das Dressing Senf, Essig, Mayonnaise, Brühe und Puderzucker in einem hohen Rührbecher mit einem Stabmixer durchmixen. Das Olivenöl in dünnem Strahl untermixen. Mit Salz und Pfeffer würzen.

5. Den Thunfisch aus dem Beutel nehmen und trocken tupfen. 1 EL Olivenöl in einer Pfanne erhitzen, den Thunfisch darin von beiden Seiten 5–10 Sekunden anbraten. In mundgerechte Stücke schneiden. Für den Salat alle Zutaten auf Teller verteilen und mit dem Dressing beträufeln. Mit gehackter Petersilie und Olivensalz bestreut servieren.

TIPP

Nach Belieben können Sie pro Portion noch 1 wachsweiches Ei in Viertel schneiden und dazulegen.

GARZEIT: 16 STD.
KÜHLZEIT: 3 STD.
ZUBEREITUNGSZEIT: 15 MIN.

FÜR 4 PERSONEN

ENTENRILETTE

MIT SCHALOTTENKONFITÜRE UND BAUERNBROT

ZUTATEN

FÜR DAS RILETTE
4 Entenkeulen (à ca. 300 g)
10 g Salz
10 g Zucker
1 Lorbeerblatt
1 Zimtstange
1 Sternanis
30 g frischer Ingwer (in Scheiben)
1 kleine getrocknete Chilischote
abgeriebene Schale ½ Bio-Orange
200 g Entenschmalz (wahlweise Gänseschmalz)

FÜR DIE SCHALOTTEN-KONFITÜRE
400 g Schalotten
1 EL Entenschmalz
40 g Zucker
150 ml roter Portwein
250 ml Johannisbeernektar

AUSSERDEM
4 Stängel Majoran
1 kleines Bauernbrot

ZUBEREITUNG

1. Die Entenkeulen waschen, trocken tupfen und mit Salz und Zucker einreiben. Lorbeerblatt, Zimtstange, Sternanis, Ingwerscheiben, Chilischote und Orangenschale in einem Mörser grob zerreiben. Das Entenschmalz bis auf 1 EL zerlassen. Entenkeulen, Entenschmalz und Gewürze in einem Vakuumbeutel vakuumieren oder in einen Ziplock-Beutel geben. Das Würzen und Vakumieren kann man auch am Vortag machen, dann ziehen die Aromen besser in das Fleisch. Im Wasserbad bei **85 °C 16 Stunden** garen.

2. Die Schalotten schälen und längs in dünne Scheiben schneiden. 1 EL Entenschmalz erhitzen, die Schalotten darin 2–3 Minuten andünsten und 40 g Zucker zugeben. Mit Portwein- und Johannisbeernektar ablöschen und alles offen sirupartig einkochen lassen. Die Konfitüre abkühlen lassen.

3. Die Keulen aus dem Beutel nehmen, von Fett und Knochen befreien. Das Fleisch mit zwei Gabeln zerzupfen, in eine Schüssel geben und das aromatisierte Entenfett durch ein Sieb darübergießen. Das Rilette für 2–3 Stunden in den Kühlschrank stellen.

4. Majoran waschen, trocken tupfen und die Blättchen abzupfen. Das Brot in Scheiben schneiden und in einer heißen Pfanne von beiden Seiten rösten. Das Rilette mit Konfitüre und Majoran bestreut auf den Brotscheiben servieren.

GARZEIT: 1 STD. 30 MIN.
ZUBEREITUNGSZEIT: 20 MIN.

FÜR 4 PERSONEN

EGGS »BENEDICT«

MIT GEDÄMPFTEM SPARGEL UND SAUCE HOLLANDAISE

ZUTATEN

FÜR DIE SOSSE
1 Schalotte
40 ml Weißweinessig
150 g Butter
4 Eigelb (Größe L, 90 g)
1 EL Zitronensaft
1 TL Salz

AUSSERDEM
8 Eier (Größe L)
1 Bund Schnittlauch
500 g grüner Spargel
Salz, Pfeffer
4 Weizentoasties
etwas weiche Butter
100 g gekochter Schinken in dünnen Scheiben

ZUBEREITUNG

1. Die Schalotte schälen und fein hacken. Mit dem Essig in einem kleinen Topf aufkochen und offen um die Hälfte einkochen lassen. Mit Butter, Eigelb, 60 ml Wasser, Zitronensaft und Salz in einem Vakuumbeutel vakuumieren oder in einen Ziplock-Beutel geben. Im Wasserbad bei **63 °C 1 Stunde 30 Minuten** garen. 35 Minuten vor dem Ende der Garzeit die Eier ins Wasserbad geben und mitgaren.

2. Den Schnittlauch waschen, trocken schütteln und in feine Röllchen schneiden. Den Spargel waschen und die holzigen Enden abschneiden. Das untere Drittel der Stangen schälen und den Spargel in einem Dämpfeinsatz über kochendem Wasser 4–5 Minuten dämpfen. Mit Salz und Pfeffer würzen. Die Toasties halbieren, mit etwas Butter bestreichen und jeweils auf der Schnittseite in einer heißen Pfanne goldbraun rösten.

3. Den Spargel auf den Toasties verteilen. Den Schinken etwas zerzupfen und nestartig darauf verteilen. Die Soße aus dem Beutel in einen hohen Rührbecher geben und mit einem Stabmixer 1 Minute cremig aufmixen. Die Eier aufschlagen und jeweils auf ein Schinkennest gleiten lassen. Die Soße und die Schnittlauchröllchen darauf verteilen.

TIPP
Für den Crunch knusprig geröstete Pankobrösel (japanische Semmelbrösel) darüberstreuen.

GARZEIT: 45 MIN.
MARINIERZEIT: 4 STD.
ZUBEREITUNGSZEIT: 30 MIN.

FÜR 4 PERSONEN

ENTENBRUSTPASTRAMI

MIT FEIGEN-KORIANDER-SALAT

ZUTATEN

FÜR DIE PASTRAMI

1 kleine Zwiebel
2 Knoblauchzehen
1 TL Pökelsalz (vom Metzger)
1 EL Korianderkörner
1 TL Senfkörner
1 Lorbeerblatt
3 Wacholderbeeren
80 ml Ahornsirup
2 Entenbrüste (à ca. 240 g, ohne Haut)
Salz

AUSSERDEM

4 reife Feigen
4 Scheiben Sauerteigbrot
4 EL Dijonnaise (wahlweise grober Senf)
½ Bund Koriandergrün
100 g Sauerampfer (wahlweise Portulak, Feldsalat)
1 EL Apfelessig
3 EL Olivenöl

ZUBEREITUNG

1. Zwiebel und Knoblauch schälen und mit Pökelsalz, Koriander- und Senfkörnern, Lorbeerblatt, Wacholderbeeren, 60 ml Ahornsirup und 180 ml Wasser mit einem Stabmixer pürieren. Mit den Entenbrüsten in einen Ziplock-Beutel geben und 3–4 Stunden marinieren. Das Fleisch aus der Marinade nehmen, auf Küchenpapier abtropfen lassen und in einem Vakuumbeutel vakuumieren oder in einen Ziplock-Beutel geben. Im Wasserbad bei **62 °C 45 Minuten** garen.

2. Die Feigen abreiben und in dünne Spalten schneiden. Die Brotscheiben in einer Grillpfanne oder Pfanne auf beiden Seiten ohne Fett rösten, herausnehmen, etwas abkühlen lassen und mit Dijonnaise bestreichen. Das Koriandergrün waschen, trocken schütteln und die Blättchen abzupfen. Sauerampfer waschen und trocken schütteln. Apfelessig mit 2 EL Olivenöl und dem restlichen Ahornsirup verrühren. Feigenspalten, Korianderblätter und Sauerampfer mit dem Dressing anmachen.

3. Die Entenbrüste aus dem Beutel nehmen, trocken tupfen und mit etwas Salz würzen. 1 EL Olivenöl in einer Pfanne erhitzen, das Fleisch darin kurz anbraten, bis es goldbraun ist. Die Entenbrüste in dünne Scheiben schneiden und mit dem Salat auf den Brotscheiben anrichten.

GARZEIT: 50 MIN.
ZUBEREITUNGSZEIT: 15 MIN.

FÜR 4 PERSONEN

JUNGE BUTTERKARTOFFELN

MIT RÄUCHERLACHS, SCHMAND UND LIMETTENSALZ

ZUTATEN

FÜR DIE BUTTERKARTOFFELN
100 g Butter
4 Zweige Thymian
500 g junge Kartoffeln
Salz

FÜR DEN DIP UND LIMETTENSALZ
2 Bio-Limetten
200 g Schmand
1 EL Honig
40 g grobes Meersalz

AUSSERDEM
2 Frühlingszwiebeln
500–600 g geräucherter Lachs
40 g Rote-Bete-Pulver (Reformhaus)

ZUBEREITUNG

1. Die Butter in einem kleinen Topf zerlassen. Den Thymian waschen und trocken schütteln. Die Kartoffeln waschen, trocken tupfen, längs halbieren und mit der zerlassenen Butter, den Thymianzweigen und etwas Salz in einem Vakuumbeutel vakuumieren oder in einen Ziplock-Beutel geben. Im Wasserbad bei **90 °C 50 Minuten** garen.

2. Für den Dip die Limetten heiß waschen und abtrocknen, die Schale fein abreiben und den Saft auspressen. Den Limettensaft mit dem Schmand und dem Honig verrühren. Für das Limettensalz die Limettenschale mit dem groben Meersalz im Mörser zerreiben. Die Frühlingszwiebeln waschen, putzen und in feine Ringe schneiden.

3. Den geräucherten Lachs mit Limettenschmand und Kartoffeln auf Tellern anrichten. Mit den Frühlingszwiebelringen, etwas Limettensalz und Rote-Bete-Pulver bestreut servieren.

GARZEIT: 5 MIN.
ZUBEREITUNGSZEIT: 30 MIN.

FÜR 4 PERSONEN

GYOZAS

MIT GARNELEN UND ERDNUSS-GURKEN-RELISH

ZUTATEN

FÜR DIE FÜLLUNG

1 Stück frischer Ingwer (ca. 2 cm)
2 Frühlingszwiebeln
250 g rohe geschälte Garnelen
2 TL Sesamöl
2 TL helle Sojasoße
½ TL Chiliflocken
200 g Gyoza-TK-Teigblätter (Asienladen)

FÜR DAS RELISH

½ Bio-Salatgurke
100 g geröstete, gesalzene Erdnusskerne
180 ml Sweet Chilisoße
40 ml Reisessig

AUSSERDEM

neutrales Pflanzenöl

ZUBEREITUNG

1. Für die Füllung den Ingwer schälen, die Frühlingszwiebeln waschen und putzen. Beides grob hacken, dann in einer Küchenmaschine fein hacken. Garnelen, Sesamöl, Sojasoße und Chiliflocken zugeben und alles durchmixen, bis eine feine Masse entsteht. Je 1 Teigblatt auf die Hand legen, 1 TL Füllung daraufgeben und den Teig zu einem Halbmond zusammenklappen. Den Teig an der runden Seite mit Daumen und Zeigefinger 4- bis 5-mal zusammendrücken, sodass ein schönes Muster entsteht.

2. Für das Relish die Salatgurke waschen, längs halbieren, die Hälften mit einem Löffel entkernen und in feine Würfel schneiden. Die Erdnüsse fein hacken. Beides mit Chilisoße und Reisessig verrühren.

3. Einen Dämpfeinsatz mit Backpapier auslegen. Die Teigtaschen mit der Wölbung nach oben im Abstand von 1–2 cm daraufsetzen und über wenig kochendem Wasser **4–5 Minuten** dämpfen. Danach in einer heißen Pfanne mit etwas Pflanzenöl nur den Boden der Teigtaschen goldbraun braten. Die Teigtaschen heiß mit dem Relish servieren.

TIPP

Frühlingszwiebeln waschen, längs in feine Streifen schneiden, kurz in Eiswasser legen und abtropfen lassen. Pankobrösel (japanische Semmelbrösel) in etwas Öl goldbraun rösten. Beides zum Servieren über die Gyoza streuen.

GARZEIT: 1 STD. 30 MIN.
ZUBEREITUNGSZEIT: 15 MIN.

FÜR 4 PERSONEN

VITELLO

MIT THUNFISCHTATAR, CRÈME FRAÎCHE UND KAPERNVINAIGRETTE

ZUTATEN

FÜR DAS FLEISCH
600g Kalbsrücken (wahlweise Schwanzrolle)
4 Zweige Thymian
4EL Olivenöl

FÜR DIE VINAIGRETTE
2EL Kapern
1EL Weißweinessig
1–2TL Honig
½ TL Chiliflocken
3EL Olivenöl

FÜR DAS TATAR
1 Schalotte
½ Bund Schnittlauch
1 Bio-Zitrone
200g frischer Thunfisch
1EL Olivenöl

AUSSERDEM
Küchengarn
200g Crème fraîche
Salz, Pfeffer
4 Stängel Basilikum
italienisches Weißbrot (wahlweise Baguette, nach Belieben)

ZUBEREITUNG

1. Den Kalbsrücken waschen, trocken tupfen und mit Küchengarn so umwickeln, dass eine gleichmäßige Rolle entsteht. Thymian waschen und trocken schütteln. Mit Fleisch und 2EL Olivenöl in einem Vakuumbeutel vakuumieren oder in einen Ziplock-Beutel geben. Im Wasserbad bei **56°C 1 Stunde 30 Minuten** garen.

2. Für die Vinaigrette die Kapern mit Weißweinessig, Honig, Chiliflocken und 3EL Olivenöl verrühren.

3. Für das Tatar die Schalotte schälen und fein würfeln. Den Schnittlauch waschen, trocken schütteln und in feine Röllchen schneiden. Die Zitrone heiß waschen und abtrocknen, die Schale fein abreiben und den Saft auspressen. Den Thunfisch in feine Würfel schneiden. Mit Schalotte, Schnittlauchröllchen, ½ TL Zitronenschale, 1EL Olivenöl, etwas Salz und Pfeffer etwa 10 Minuten vor dem Servieren marinieren. Die Crème fraîche mit Zitronensaft, Salz und Pfeffer verrühren. Das Basilikum waschen, trocken schütteln und grob zerzupfen.

4. Das Fleisch aus dem Beutel nehmen und trocken tupfen. 2EL Olivenöl in einer Pfanne erhitzen. Das Fleisch darin goldbraun anbraten, dann in dünne Scheiben schneiden und auf Tellern anrichten. Das Tatar mittig daraufsetzen, mit Crème fraîche und Kapernvinaigrette beträufeln. Mit Basilikum bestreuen und nach Belieben mit italienischem Weißbrot servieren.

GARZEIT: 1 STD.
ZUBEREITUNGSZEIT: 15 MIN.

FÜR 4 PERSONEN

THAILÄNDISCHER RINDFLEISCHSALAT

MIT GERÖSTETEM REIS

ZUTATEN

2 Rumpsteaks (à ca. 250 g, ca. 2,5 cm dick)
Salz, Pfeffer
1 TL Sesamöl
1 EL Erdnussöl
1 EL Olivenöl

FÜR DEN SALAT
2 kleine rote Zwiebeln
8 Kaffir-Limettenblätter (frisch oder TK)
1–2 kleine rote Chilischoten
4 Stangen Staudensellerie
½ Bund Koriandergrün
½ Bund Thai-Basilikum
½ Bund Minze

FÜR DIE MARINADE
4 EL Fischsoße
2 EL Sojasoße
4 EL Limettensaft
2 EL Palmzucker (wahlweise Rohrzucker)
4 EL Erdnussöl

AUSSERDEM
50 g Jasminreis (wahlweise Reispulver aus dem Asienladen)
50 g Röstzwiebeln (Fertigprodukt)

ZUBEREITUNG

1. Die Steaks von beiden Seiten salzen und pfeffern. Mit Sesam- und Erdnussöl in einem Vakuumbeutel vakuumieren oder in einen Ziplock-Beutel geben. Im Wasserbad bei **56 °C 1 Stunde** garen.

2. Für den Salat die Zwiebeln schälen, halbieren und in feine Streifen schneiden. Kaffir-Limettenblätter ebenfalls in feine Streifen schneiden. Chilischoten längs halbieren, entkernen, waschen und in feine Streifen schneiden. Den Staudensellerie waschen, putzen, mit einem Sparschäler schälen oder die harten Fäden abziehen und schräg in feine Scheiben schneiden. Die Kräuter waschen, trocken schütteln und die Blättchen abzupfen.

3. Für die Marinade die Fischsoße mit Sojasoße, Limettensaft und Palmzucker verrühren. Das Erdnussöl unterschlagen. Den Reis in einer Pfanne ohne Fett unter Rühren mehrere Minuten rösten, bis er gebräunt ist. Dann im Mörser zu Pulver zerstoßen.

4. Die Steaks aus dem Beutel nehmen und trocken tupfen. 1 EL Olivenöl in einer Pfanne erhitzen. Das Fleisch darin von beiden Seiten kurz scharf anbraten, dann in dünne Scheiben schneiden. Die Fleischscheiben mit den Zutaten für den Salat mischen und auf Teller verteilen. Mit Röstzwiebeln und Reispulver bestreut servieren.

TIPP
Nach Belieben können Sie noch grüne Bohnen zum Salat geben (siehe S. 46).

GARZEIT: 2 STD.
ZUBEREITUNGSZEIT: 30 MIN.

FÜR 7–8 WECKGLÄSER À 300 ML

FRÜHSTÜCKSFLEISCH

IM GLAS

ZUTATEN

200 g rote Zwiebeln
etwas Rapsöl
2 Stängel Majoran
1 kg Schweinefleisch (Nacken)
1 TL schwarze Pfefferkörner
1 TL Senfkörner
20 g Pökelsalz (vom Metzger)
1 TL edelsüßes Paprikapulver
2 Msp. Muskatblüte
150 g crushed Ice

ZUBEREITUNG

1. Die Zwiebeln schälen und fein würfeln. Etwas Rapsöl in einer Pfanne erhitzen, die Zwiebeln darin glasig dünsten, dann beiseitestellen und abkühlen lassen. Den Majoran waschen, trocken schütteln und die Blättchen abzupfen. Das Schweinefleisch waschen, trocken tupfen und in kleine Stücke schneiden. Die Fleischstücke mit den abgekühlten Zwiebeln und dem Majoran durch den Fleischwolf drehen, dabei die mittelfeine Scheibe verwenden.

2. Die Pfefferkörner im Mörser zerstoßen. Die Fleischmasse in einer Schüssel mit zerstoßenem Pfeffer, Senfkörnern, Pökelsalz, Paprikapulver, Muskatblüte und crushed Ice (oder 150 ml eiskaltem Wasser) mit den Knethaken des Handrührgeräts auf höchster Stufe zu einem Teig verarbeiten.

3. Die Masse auf sterilisierte Weckgläser verteilen und die Gläser verschließen. Die Gläser zu ¾ bedeckt ins Wasserbad stellen und das Fleisch bei **100 °C 2 Stunden** garen. Die Gläser herausnehmen und das eingeweckte Fleisch vollständig abkühlen lassen.

GARZEIT: 12 STD.
ZUBEREITUNGSZEIT: 1 STD.

FÜR 4 PERSONEN

TÖTTCHEN

MÜNSTERLÄNDER KALBSRAGOUT

ZUTATEN

FÜR DAS RAGOUT
600 g Kalbsschulter
1 Bund Suppengrün
1 Zwiebel
4 Stängel Zitronenthymian
1 Lorbeerblatt
2 Nelken
1 TL weiße Pfefferkörner
250 ml Kalbsfond

FÜR DIE SOSSE
2 Schalotten
2 EL Butterschmalz
2 EL Mehl (Type 405)
1 EL Obstessig
1 gestrichener EL brauner Zucker
Salz
2 TL Dijon-Senf
2 TL Worcestersoße

FÜR DAS TOPPING
2–3 Scheiben Pumpernickel
2 Zweige Thymian
20 g Butter
1 EL gehackter Kerbel (wahlweise Petersilie)

ZUBEREITUNG

1. Die Kalbsschulter waschen und trocken tupfen. Das Suppengrün waschen, putzen und kleinschneiden. Die Zwiebel schälen und vierteln. Zitronenthymian waschen und trocken schütteln. Suppengrün, Lorbeerblatt, Nelken, Pfefferkörner, Zitronenthymian, Zwiebel und Fond in einem Vakuumbeutel vakuumieren oder in einen Ziplock-Beutel geben. Im Wasserbad bei **68 °C 12 Stunden** garen. Das Fleisch aus dem Beutel nehmen und in kleine Würfel schneiden. Den Fond auffangen und beiseitestellen.

2. Für die Soße die Schalotten schälen und fein würfeln. Das Butterschmalz in einem Topf erhitzen, die Schalotten darin kurz andünsten. Das Mehl zugeben und goldbraun anschwitzen. Nach und nach den aufgefangenen Fond unter Rühren zugießen und aufkochen, bis eine sämige Soße entsteht. Die Soße 10 Minuten köcheln lassen. Obstessig, braunen Zucker, Salz und Dijon-Senf hinzufügen und glattrühren. Fleischwürfel und Worcestersoße unterrühren und alles zugedeckt 10 Minuten ziehen lassen.

3. Für das Topping den Pumpernickel zerbröckeln. Den Thymian waschen, trocken tupfen und die Blättchen abzupfen. Die Butter in einer Pfanne zerlassen, Pumpernickelbrösel und Thymian untermischen und 4–5 Minuten bei niedriger Hitze rösten. Das Töttchen mit gehacktem Kerbel und Pumpernickelbröseln bestreut servieren.

BELUGA
NOBLE RUSSIAN VODKA

GARZEIT: 25 MIN.
ZUBEREITUNGSZEIT: 25 MIN.

FÜR 4 PERSONEN

LAUWARMER SPARGELSALAT

MIT FRÜHLINGSGEMÜSE UND KRÄUTERDRESSING

ZUTATEN

FÜR DAS GEMÜSE
10 Stangen weißer Spargel
2 kleine Kohlrabi
100 g Zuckerschoten

FÜR DAS DRESSING
1 kleine Bio-Orange
4 EL Olivenöl
2 EL Obstessig
1 TL Zucker
Salz
1 TL Dijon-Senf
1 Bund Kerbel
2 Stängel Minze
2 Stängel Basilikum
Pfeffer

AUSSERDEM
1 Ciabattabrot (wahlweise Baguette)
1 Knoblauchzehe
4 Zweige Zitronenthymian
8 Radieschen
etwas Olivenöl

ZUBEREITUNG

1. Den Spargel waschen und die Enden abschneiden. Spargelstangen und Kohlrabi schälen, beides in mundgerechte Stücke schneiden. Die Zuckerschoten waschen und putzen. Das Gemüse mischen, in ein Dampfkörbchen geben und über wenig kochendem Wasser **25 Minuten** dämpfen.

2. Für das Dressing die Orange heiß waschen und abtrocknen, die Schale fein abreiben und den Saft auspressen. Beides mit Olivenöl, Obstessig, Zucker, 1 TL Salz und Dijon-Senf mit dem Schneebesen verrühren. Die Kräuter waschen, trocken schütteln und die Blättchen fein hacken. Das noch warme Gemüse mit dem Dressing und den Kräutern vermischen, mit Salz und Pfeffer abschmecken und abgedeckt einige Minuten ziehen lassen.

3. Das Ciabatta in 1 cm dicke Scheiben schneiden. Den Knoblauch schälen und halbieren. Den Zitronenthymian waschen, trocken schütteln und die Blättchen abzupfen. Die Radieschen waschen, putzen und in Scheibchen schneiden. Etwas Olivenöl in einer Pfanne erhitzen, die Brotscheiben darin von beiden Seiten knusprig braten. Die Scheiben herausnehmen und die Schnittflächen mit Knoblauch einreiben. Mit Zitronenthymian bestreuen und leicht salzen. Den lauwarmen Spargelsalat auf Teller verteilen, die Radieschenscheiben über den Salat geben und mit den Brotscheiben servieren.

TIPP
4 Eier mit Schale im Wasserbad bei 74 °C 17 Minuten garen und dazu reichen.

GARZEIT: 1 STD.
ZUBEREITUNGSZEIT: 25 MIN.

FÜR 4 PERSONEN

ARTISCHOCKENHERZEN

MIT SCHNITTLAUCH-KAPERN-DRESSING

ZUTATEN

12 kleine Artischocken
4 EL Rapsöl
1 EL Zitronensaft

FÜR DAS DRESSING
1 Ei (Größe M)
1 EL Kapern
1 kleines Bund Schnittlauch
2 EL Aceto balsamico bianco
1 TL grober Senf
Salz, Pfeffer

ZUBEREITUNG

1. Von den Artischocken mit einem scharfen Messer die Spitzen abschneiden (etwa ein Drittel ihrer Länge). Dann die äußeren Blätter entfernen, bis das hellgelbe Fleisch zum Vorschein kommt. Die Artischocken längs zerteilen und das sogenannte Stroh sorgfältig entfernen. 1 EL Rapsöl mit dem Zitronensaft verrühren und die Artischocken darin 5 Minuten marinieren.

2. Die Artischocken in einem Vakuumbeutel vakuumieren oder in einen Ziplock-Beutel geben. Im Wasserbad bei **90 °C 1 Stunde 15 Minuten** garen. 15 Minuten vor dem Ende der Garzeit der Artischocken und das Ei mit Schale ebenfalls ins Wasserbad geben und mitgaren.

3. Für das Dressing das Ei pellen. Ei und Kapern fein hacken. Den Schnittlauch waschen, trocken schütteln und in Röllchen schneiden. Den Essig mit dem Senf und dem restlichen Rapsöl verrühren. Ei, Kapern und Schnittlauch untermischen. Mit wenig Salz und Pfeffer würzen. Die Artischocken aus dem Beutel nehmen und mit dem Dressing auf Tellern anrichten.

GARZEIT: 1 STD.
ZUBEREITUNGSZEIT: 30 MIN.

FÜR 4 PERSONEN

FRUCHTIGER HÄHNCHENSALAT

MIT BÜFFELMOZZARELLA UND SCHINKENCHIPS

ZUTATEN

400 g Hähnchenbrustfilet
Salz, Pfeffer
2 Zweige Zitronenthymian
4 Pfirsiche (wahlweise Nektarinen)
1 EL Puderzucker
4 Scheiben Parmaschinken
250 g Büffelmozzarella
2 Stängel Basilikum
4 Aceto balsamico bianco
80 ml Olivenöl

AUSSERDEM
Olivenöl zum Bepinseln
etwas Rapsöl zum Braten

ZUBEREITUNG

1. Die Hähnchenbrustfilets mit etwas Olivenöl bepinseln, mit Salz und Pfeffer würzen. Den Zitronenthymian waschen und trocken schütteln, dann mit dem Fleisch in einem Vakuumbeutel vakuumieren oder in einen Ziplock-Beutel geben. Im Wasserbad bei **65 °C 1 Stunde** garen. Die Pfirsiche waschen, halbieren, entsteinen und in Spalten schneiden. Puderzucker und 1–2 EL warmes Wasser verrühren. Diesen Zuckersirup mit den Pfirsichspalten in einem Vakuumbeutel vakuumieren oder in einen Ziplock-Beutel geben und im Wasserbad 25 Minuten mitgaren. Dann den Beutel herausnehmen und bis zum Garzeitende der Hähnchenbrustfilets im Beutel belassen.

2. Etwas Rapsöl in einer Pfanne erhitzen, den Parmaschinken darin kurz knusprig braten, dann auf Küchenpapier legen und in grobe Chips brechen.

3. Den Büffelmozzarella abtropfen lassen und zerkleinern. Das Basilikum waschen, trocken schütteln und die Blättchen abzupfen. Das Fleisch aus dem Beutel nehmen, grob mit den Fingern zerzupfen oder klein schneiden. Beides leicht salzen und pfeffern. Den Essig mit dem Olivenöl verrühren und beides darin 5 Minuten marinieren. Zum Servieren die Pfirsichspalten darauflegen und Salat mit dem Sud beträufeln. Mit Schinken und Basilikum bestreut servieren.

STREET FOOD

GARZEIT: 24 STD.
ZUBEREITUNGSZEIT: 30 MIN.

FÜR 4 PERSONEN

GEDÄMPFTE GUA BAO BUNS

MIT SCHWEINEBAUCH UND EINGELEGTEM GEMÜSE

ZUTATEN

2 Knoblauchzehen
1 Stück frischer Ingwer (ca. 5 cm)
3 EL brauner Zucker
2 TL Five-Spice-Gewürz (Asienladen)
100 ml helle Sojasoße
140 ml Reisessig
1 kg Schweinebauch ohne Knochen

FÜR DAS GEMÜSE
2 Möhren
150 g Chinakohl
2 kleine Bio-Gärtnergurken
1 TL Salz
100 g Zucker
12 kleine TK-Gua-Bao-Buns (Asienladen, wahlweise aufgebackne Hotdog-Brötchen)

ZUBEREITUNG

1. Knoblauch und Ingwer schälen und fein hacken. Beides mit braunem Zucker, Five-Spice-Gewürz, Sojasoße, 40 ml Reisessig und dem Schweinebauch in einem Vakuumbeutel vakuumieren oder in einen Ziplock-Beutel geben. Im Wasserbad bei **68 °C 24 Stunden** garen. Wenn es schneller gehen soll, bei **80 °C 7 Stunden** garen.

2. Für das eingelegte Gemüse die Möhren putzen, schälen und in Streifen schneiden. Den Chinakohl putzen, waschen und ebenfalls in Streifen schneiden. Die Gurken waschen und ungeschält in feine Scheiben schneiden. Das Gemüse mit dem Salz in eine Schüssel geben, und mit den Händen kneten, bis es weich ist und etwas Wasser verloren hat. Das Gemüse ausdrücken und dicht in ein sterilisiertes Weckglas (1 l Inhalt) geben. 100 ml Reisessig mit 200 ml Wasser und 100 g Zucker aufkochen und über das Gemüse gießen. Das Glas verschließen und bei Zimmertemperatur abkühlen lassen.

3. Den entstandenen Fleischsaft in einen Topf geben und offen sirupartig einkochen lassen. Den Schweinebauch darin wenden und kurz vor dem Servieren in Scheiben schneiden. Die Gua Bao Buns nach Packungsangabe in einem Dämpfeinsatz dämpfen. Dann aufschneiden, mit Schweinebauchscheiben und eingelegtem Gemüse füllen und servieren.

TIPP

Servieren Sie dazu gehackte Erdnusskerne, Koriandergrün, Frühlingszwiebelringe und etwas Hoisinsoße oder Sirachamayonnaise aus dem Asienladen.

GARZEIT: 72 STD.
ZUBEREITUNGSZEIT: 30 MIN.

FÜR 4 PERSONEN

BBQ-RINDERBRUST

MIT ANANAS-COLESLAW UND CHIPOTLE-MAYONNAISE

ZUTATEN

1,5 kg Rinderbrust (5–6 cm dick)
½ TL Liquid Smoke (Supermarkt oder Internetshop)
30 g BBQ-Gewürz (Fertigprodukt)
1 große Möhre
400 g Spitzkohl (wahlweise Weißkohl)
Salz
200 g Ananasfruchtfleisch
160 g Mayonnaise
80 g saure Sahne
1 EL Weißweinessig
Pfeffer
2 EL gehackter Koriander (wahlweise Schnittlauchröllchen, nach Belieben)
1 Chipotle-Chilischote in Adobo-Soße (Internetshop, wahlweise Siracha-soße aus dem Asienladen)
Saft von 1 Limette
4 Burger Buns (Hamburgerbrötchen)
etwas weiche Butter
etwas Salat (z. B. Portulak oder Baby-Spinat, nach Belieben)

ZUBEREITUNG

1. Die Rinderbrust trocken tupfen, mit Liquid Smoke und BBQ-Gewürz einreiben. Das Fleisch in einem Vakuumbeutel vakuumieren oder in einen Ziplock-Beutel geben. Im Wasserbad bei **65 °C 72 Stunden** garen.

2. Die Möhre putzen und schälen. Den Kohl vierteln, waschen und den Strunk entfernen. Beides in feine Streifen schneiden und mit 1 TL Salz durchkneten. Das Ananasfruchtfleisch fein hacken und zugeben. Alles mit 40 g Mayonnaise, saurer Sahne und Weißweinessig mischen und mit etwas Salz und Pfeffer würzen. Nach Belieben den gehackten Koriander untermischen und 1 Stunde durchziehen lassen.

3. Die restliche Mayonnaise mit der Chipotle-Chilischote in Adobo-Soße, Limettensaft, etwas Salz und Pfeffer fein pürieren.

4. Den entstandenen Fleischsaft in einen Topf geben und offen sirupartig einkochen lassen. Nach Belieben das Fleisch damit überziehen oder in einer Grillpfanne kurz anbraten. Die Burger Buns halbieren, mit etwas Butter bestreichen und mit der Schnittfläche nach unten in einer heißen Pfanne goldbraun rösten. Das Fleisch gegen die Fleischfaser dünn aufschneiden. Die Hälften damit und mit etwas Salat, Coleslaw und Soße belegen.

TIPP

Servieren Sie dazu Frühlingszwiebelringe oder Röstzwiebeln. Oder statt der Chipotle-Mayonnaise BBQ-Hollandaise (siehe Seite 86).

GARZEIT: 36 STD.
RUHEZEIT: 2 STD.
BACKZEIT: 39 MIN.
ZUBEREITUNGSZEIT: 25 MIN.

FÜR 4 PERSONEN

CARNITAS

MIT AVOCADO, RADIESCHEN UND SALSA

ZUTATEN

1,5 kg Schweinenacken (wahlweise Schulter)
Salz
100 g Schweineschmalz
½ Orange
1 Zwiebel
4 Knoblauchzehen
50 g brauner Zucker
100 ml Malzbier
1 Lorbeerblatt
1 Zimtstange
1–2 Jalapeño-Chilischoten
3–4 grüne Tomatillos (wahlweise grüne Tomaten oder 2–3 grüne Paprika)
1 Bund Koriandergrün
½ Bund Radieschen
1 Avocado
Saft von 1 Limette
12–18 kleine Maistortillas (wahlweise Weizentortillas)
2 EL gehacktes Koriandergrün

ZUBEREITUNG

1. Schweinenacken mit Salz einreiben. Schmalz zerlassen. Orangenhälfte, Zwiebel und 3 Knoblauchzehen schälen und grob zerkleinern. Alles mit braunem Zucker, Malzbier, Lorbeerblatt und Zimtstange in einem Vakuumbeutel vakuumieren oder in einen Ziplock-Beutel geben. Im Wasserbad bei **65 °C 36 Stunden** garen. Dann das Fleisch im Beutel 2 Stunden ruhen lassen.

2. Für die Salsa Jalapeños und Tomatillos von den Stielansätzen befreien und grob zerkleinern. Den übrigen Knoblauch schälen. Koriandergrün waschen und trocken schütteln. Alles mit Salz und etwas Wasser in einem Standmixer zu einer stückigen Salsa mixen.

3. Radieschen waschen, putzen, in feine Scheiben oder Streifen schneiden und in kaltes Wasser legen, damit sie knackig werden. Avocado schälen und das Fruchtfleisch klein würfeln. Mit etwas Salz und Limettensaft würzen.

4. Den Backofen auf 260 °C (Ober-/Unterhitze) vorheizen. Das Fleisch aus dem Beutel nehmen, auf einen Grillrost mit einem Tropfblech darunter legen. Im heißen Ofen (Mitte) 30 Minuten garen. Die Marinade aus dem Beutel durch ein Sieb gießen und den Braten damit mehrmals begießen, bis er eine Kruste bekommt. Das Fleisch mit zwei Gabeln zerzupfen. Die Tortillas je nach Größe auf eine Größe von 10–12 cm mit einem Glas oder Tassenboden ausstechen, nach Packungsangabe im Ofen erwärmen, dann mit etwas Fleisch, Salsa, Avocado, Radieschen und Koriandergrün belegen.

TIPP

Reichen Sie dazu in Essig eingelegte rote Zwiebeln. Oder Krautsalat mit Möhrenstreifen gemischt und mit Oregano, Salz und Limettensaft gewürzt.

GARZEIT: 1 STD.
RUHEZEIT: 8 STD.
ZUBEREITUNGSZEIT: 1 STD. 15 MIN.

FÜR 4 PERSONEN

BEEF SUSHI

MIT EINGELEGTEM INGWER UND EDAMAME

ZUTATEN

FÜR DEN INGWER
200 g frischer Ingwer
2 TL Salz
200 ml Reisessig
3 EL Zucker
1 TL Grenadinesirup

FÜR DAS FLEISCH
300 g Rinderfilet (ca. 2 cm dick)
1 EL Erdnussöl
Öl zum Braten
etwas Teryakisoße

FÜR DEN REIS
300 g Sushireis
2 EL Reisessig
1 TL Zucker
Salz

AUSSERDEM
300 g TK-Edamame-Schoten (Asien- oder Bio-Laden)
Rauchsalz
Wasabipaste

ZUBEREITUNG

1. Am Vortag den Ingwer schälen, in dünne Scheiben hobeln, salzen und 30 Minuten ziehen lassen. Reisessig mit 6 EL Wasser und Zucker erhitzen, bis er aufgelöst ist. Grenadinesirup hinzufügen. Die Ingwerscheiben trocken tupfen, in 2 sterilisierte Schraubgläser (à 250 ml) füllen und mit der Flüssigkeit vollständig bedecken. Die Gläser verschließen und kühl stellen. Den Ingwer mindestens 8 Stunden ziehen lassen.

2. Das Filet mit Erdnussöl bepinseln, in einem Vakuumbeutel vakuumieren oder in einen Ziplock-Beutel geben. Im Wasserbad bei **46 °C 1 Stunde** garen. Anschließend das Rinderfilet herausnehmen und in heißem Öl in einer Pfanne von beiden Seiten 20 Sekunden anbraten, dann abgedeckt für 1 Stunde in den Gefrierschrank stellen.

3. Den Sushireis nach Packungsangabe garen. Reisessig erwärmen, Zucker und Salz darin auflösen und beiseitestellen. Den gegarten Reis auf einem Backblech ausbreiten, mit Reisessig beträufeln und durchmischen. Mit leicht angefeuchteten Händen längliche Reisbällchen formen.

4. Edamame auftauen lassen und in einem Dämpfeinsatz über wenig kochendem Wasser 20 Minuten dämpfen. Herausnehmen und noch warm mit Rauchsalz bestreuen.

5. Das angefrorene Rinderfilet dünn aufschneiden und auf die Reisbällchen legen. Mit etwas Teryakisoße bestreichen. Mit eingelegtem Ingwer, den warmen Edamame-Schoten und Wasabipaste servieren.

TIPP

Sie können auch fertig eingelegten Ingwer im Asienladen kaufen und dazu reichen.

GARZEIT: 12 STD.
ZUBEREITUNGSZEIT: 1 STD.

FÜR 4 PERSONEN

PULLED DUCK

AUF EINER WAFFEL MIT MANGO-KORIANDER-SALSA

ZUTATEN

FÜR DAS FLEISCH

etwas Rapsöl
4 Entenkeulen (à ca. 300 g)
1 Bio-Orange
1 TL Piment d'Espelette (wahlweise Chiliflakes)
1 TL Korianderkörner
etwas Meersalz
2–3 EL BBQ-Soße

FÜR DIE SALSA

1 Bio-Limette
½ rote Zwiebel
1 Knoblauchzehe
1 Mango
1 kleine rote Chilischote
1 Bund Koriandergrün
etwas Rapsöl
Salz, Pfeffer

FÜR DIE WAFFELN

150 g weiche Butter
4 Eier (Größe M)
250 g Mehl (Type 405)
½ TL Backpulver
1 TL Salz
200 g Buttermilch
1 TL Five-Spice-Gewürz

ZUBEREITUNG

1. Etwas Rapsöl in einer Pfanne erhitzen, die Entenkeulen darin goldbraun anbraten, dann herausnehmen. Die Orange heiß waschen und abtrocknen, die Schale fein abreiben. Mit Piment d'Espelette, Korianderkörnern und Meersalz im Mörser zerstoßen. Die Entenkeulen damit einreiben und in einem Vakuumbeutel vakuumieren oder in einen Ziplock-Beutel geben. Im Wasserbad bei **78 °C 12 Stunden** garen.

2. Für die Salsa die Limette heiß waschen und abtrocknen, die Schale fein abreiben und den Saft auspressen. Zwiebel und Knoblauch schälen und fein würfeln. Mango schälen, das Fruchtfleisch in kleine Würfel schneiden. Chilischote längs aufschneiden, putzen, waschen und klein schneiden. Koriandergrün waschen, trocken schütteln und hacken. Etwas Rapsöl in einer Pfanne erhitzen. Zwiebel, Knoblauch und Chilischote darin kurz andünsten, Mangowürfel bis auf 1 EL hinzufügen und kurz mitdünsten. Dann mit 5 EL Wasser und Limettensaft ablöschen. Alles 3 Minuten köcheln lassen, dann in einem hohen Gefäß grob pürieren. Koriandergrün, übrige Mangowürfel und Limettenschale untermischen. Salsa salzen und pfeffern.

3. Für die Waffeln die Butter schaumig schlagen. Eier hinzufügen und unterschlagen. Mehl mit Backpulver, Salz und Five-Spice-Gewürz mischen, dann nach und nach mit der Buttermilch unterrühren. Aus dem Teig mit dem Waffeleisen 4–5 Waffeln backen.

4. Zum Servieren die Entenkeulen von Haut und Knochen befreien. Das Fleisch zerzupfen, mit BBQ-Soße mischen und auf den Waffeln mit Salsa anrichten.

GARZEIT: 2 STD.
RUHEZEIT: 2 STD.
ZUBEREITUNGSZEIT: 15 MIN.

FÜR 4 PERSONEN

BBQ-CHICKENWINGS

IN BIER GEGART

ZUTATEN

1,2 kg Chickenwings
1 EL Zwiebelgranulat
1 EL Knoblauchgranulat
1 EL edelsüßes Paprikapulver
1 EL Salz
2 EL brauner Zucker
1 TL grob gemahlener schwarzer Pfeffer
40 g Butter
500 ml Bier
2 EL Aceto balsamico
etwas Tabasco
2 Frühlingszwiebeln

ZUBEREITUNG

1. Die Chickenwings waschen und trocken tupfen. Mit Zwiebel- und Knoblauchgranulat, Paprikapulver, Salz, braunem Zucker und Pfeffer würzen. Die Chickenwings mit Butter in Stückchen, Bier, Essig und etwas Tabasco in einem Vakuumbeutel vakuumieren oder in einen Ziplock-Beutel geben und 2 Stunden ruhen lassen. Anschließend die Chickenwings im Wasserbad bei **64 °C 2 Stunden** garen.

2. Den Grill vorbereiten oder den Ofen mit Grillfunktion auf 200 °C vorheizen. Die Chickenwings aus der Marinade nehmen, auf dem Grillrost bei direkter Hitze grillen oder auf ein Backblech legen und je nach gewünschtem Bräunungsgrad 3–5 Minuten pro Seite grillen. Die Frühlingszwiebeln waschen, putzen und in Ringe schneiden. Die Chickenwings damit bestreuen und servieren.

GARZEIT: 50 MIN.
ZUBEREITUNGSZEIT: 10 MIN.

FÜR 4 PERSONEN

MAISKOLBEN CAJUN-STYLE

MIT MEXIKO-MAYO

ZUTATEN

1 TL schwarze Pfefferkörner
1 TL weiße Pfefferkörner
½ TL Kreuzkümmel
½ TL Cayennepfeffer
1 TL Knoblauchpulver
1 TL Piment d'Espelette (wahlweise Chiliflakes)
1 TL Zwiebelpulver
1 TL getrockneter Thymian
1 TL getrockneter Oregano
Salz
2 rohe Kolben Zuckermais (küchenfertig)
50 g weiche Butter

FÜR DIE MEXIKO-MAYO

1 kleines Bund Koriandergrün
50 g Mayonnaise
75 g saure Sahne
1 EL Limettensaft
Salz, Pfeffer

AUSSERDEM

2 EL gerösteter gesalzener Mais (Fertigprodukt)
4 EL geriebener Parmesan
2 Limetten

ZUBEREITUNG

1. Gewürze und getrocknete Kräuter mit ½ TL Salz in einem Mörser fein zerreiben. Die Maiskolben mit der weichen Butter einreiben und in einem Vakuumbeutel vakuumieren oder in einen Ziplock-Beutel geben. Im Wasserbad bei **85 °C 50 Minuten** garen.

2. Für die Mexiko-Mayo das Koriandergrün waschen, trocken schütteln und die Blättchen fein hacken. Mit Mayonnaise, saurer Sahne und Limettensaft verrühren, die Mayo mit Salz und Pfeffer abschmecken. Den gerösteten gesalzenen Mais im Mörser zerstoßen.

3. Die Maiskolben aus dem Beutel nehmen. Die noch warmen Maiskolben mit der Mayonnaise überziehen. Mit der Gewürzmischung, den zerstoßenen Maiskörnern und Parmesan bestreuen. Die Limetten heiß waschen und in Spalten schneiden. Die Limettenspalten zum Beträufeln dazureichen.

HAUPTGERICHTE MIT FLEISCH

GARZEIT: 2 STD.
ZUBEREITUNGSZEIT: 45 MIN.

FÜR 4 PERSONEN

RINDERFILET

MIT BBQ-HOLLANDAISE UND FRÜHLINGSGEMÜSE

ZUTATEN

800 g Rinderfilet (6–7 cm dick)
2 Zweige Rosmarin
4 EL Olivenöl
Salz, Pfeffer

FÜR DIE SOSSE
1 Schalotte
4 EL Weißweinessig
150 g Butter
5 Eigelb (Größe L)
1 EL Zitronensaft
1 TL Salz
1–2 EL BBQ-Soße

FÜR DAS GEMÜSE
200 g Möhren (orange oder gelb)
200 g Spitzkohl
2–3 Mairübchen (wahlweise Kohlrabi)
150 g Zuckerschoten
100 g Erbsen (gepalt oder TK)
1 EL Butter
Salz, Pfeffer

ZUBEREITUNG

1. Das Rinderfilet von Fett und Sehnen befreien. Rosmarin waschen und trocken tupfen. Mit Filet und 2 EL Olivenöl in einem Vakuumbeutel vakuumieren oder in einen Ziplock-Beutel geben.

2. Für die Soße die Schalotte schälen und fein hacken. Mit dem Essig in einem kleinen Topf aufkochen und offen auf die Hälfte einkochen lassen. Durch ein Sieb passieren und mit Butter, Eigelben, 50 ml Wasser, Zitronensaft und Salz in einem Vakuumbeutel vakuumieren oder in einen Ziplock-Beutel geben. Rinderfilet und Soße gleichzeitig im Wasserbad bei **56 °C 2 Stunden** garen.

3. Das Gemüse waschen, putzen und schälen. Die Möhren in 3 mm dicke Scheiben, den Spitzkohl in 3 cm große Stücke und die Rübchen in 0,5 cm dicke Spalten schneiden. Zuckerschoten schräg halbieren. Alles in einen Dämpfeinsatz geben und über wenig kochendem Salzwasser 8–10 Minuten dämpfen. Gemüse in einer Schüssel mit Butter schwenken, salzen, pfeffern und bis zum Servieren warmhalten.

4. Die Soße in einem hohen Rührbecher mit einem Stabmixer 1 Minute cremig aufmixen. Die BBQ-Soße unterheben.

5. Das Filet aus dem Beutel nehmen und trocken tupfen. Übriges Olivenöl in einer Pfanne erhitzen, das Fleisch darin rundherum kurz scharf anbraten. Mit Salz und Pfeffer würzen.

TIPP
Nach Belieben können Sie ½ TL Liquid Smoke mit dem Olivenöl verrühren und das Rinderfilet vakuumieren. So erhalten Sie ein feines Raucharmoma.

GARZEIT: 1 STD.
ZUBEREITUNGSZEIT: 15 MIN.

FÜR 4 PERSONEN

BLACK PEPPER CHICKEN

MIT ZITRONENGRAS

ZUTATEN

FÜR DIE HÄHNCHENBRUST

4 Hähnchenbrustfilets (jeweils ca. 3,5 cm dick)
3 Stängel Zitronengras
2 Knoblauchzehen
1 Bund Koriandergrün
75 ml helle Sojasoße
2 EL Fischsoße
30 g Palmzucker
40 g schwarze Pfefferkörner
1 EL Korianderkörner
½ TL Salz

AUSSERDEM

1 Bund Koriandergrün
2 frische rote Peperoni
2 Limetten
Röstzwiebeln (Fertigprodukt)
1–2 EL neutrales Pflanzenöl

ZUBEREITUNG

1. Die Hähnchenbrustfilets waschen und trocken tupfen. Das Zitronengras putzen, dabei 2–3 harte Blätter entfernen. Den Knoblauch schälen. Das Koriandergrün waschen und trocken tupfen. Zitronengras, Knoblauch, Koriandergrün mit Stielen, Soja- und Fischsoße, Palmzucker, Pfeffer- und Korianderkörnern und Salz in einen Standmixer geben und pürieren, bis eine pestoähnliche Konsistenz entsteht. Den Gewürzmix mit den Hähnchenbrustfilets in einem Vakuumbeutel vakuumieren oder in einen Ziplock-Beutel geben. Im Wasserbad bei **60 °C 1 Stunde** garen.

2. Inzwischen das Koriandergrün waschen, trocken schütteln und die Blättchen abzupfen. Die Peperoni waschen, putzen und in feine Ringe schneiden. Die Limetten heiß waschen und in Spalten schneiden.

3. Die Hähnchenbrustfilets aus dem Beutel nehmen und auf einem sehr heißen Grill braten. Oder das Pflanzenöl in einer Pfanne erhitzen, das Fleisch darin von beiden Seiten kräftig braten. Es darf ruhig etwas schwarz werden, das bringt das typische Aroma. Mit Koriandergrün, Peperoni, Röstzwiebeln bestreut und mit Limettenspalten garniert servieren.

TIPP

Dazu passt Jasminreis und süß-saurer Gemüsesalat. Dafür Gurkenscheiben, Tomaten, Sojasprossen und grüne Bohnen blanchiert mischen. Gehacktes Koriandergrün mit Limettensaft, Fischsoße, Chilipulver und Erdnussöl verrühren und das Gemüse darin marinieren.

GARZEIT: 1 STD.
ZUBEREITUNGSZEIT: 15 MIN.

FÜR 4 PERSONEN

CHAR-SUI-SCHWEINEFILET

MIT PAK CHOI UND INGWER

ZUTATEN

1 kg Schweinefilet aus der Mitte (1–2 Filets, ca. 5 cm dick)

FÜR DIE MARINADE

2 Knoblauchzehen
100 g Honig
1 TL Five-Spice-Gewürz (Asienladen)
1 TL geräuchertes Paprikapulver
1 TL gemahlener Pfeffer
4 EL Shaoxing-Reiswein
1 EL Sesamöl
120 ml Hoisinsoße
1 EL Zuckerrübensirup

AUSSERDEM

600 g Pak Choi
40 g frischer Ingwer
4 EL Olivenöl
1 EL Sojasoße
4 EL Frühlingszwiebelringe

ZUBEREITUNG

1. Das Schweinefilet von Fett und Sehnen befreien, waschen und trocken tupfen. Für die Marinade den Knoblauch schälen, hacken und mit den übrigen Marinadezutaten verrühren. Drei Viertel der Marinade mit dem Fleisch in einem Vakuumbeutel vakuumieren oder in einen Ziplock-Beutel geben. Übrige Marinade beiseitestellen. Das Filet im Wasserbad bei **58 °C 1 Stunde** garen.

2. Den Pak Choi waschen, trocken tupfen und in Blätter zerlegen. Den Ingwer schälen und in feine Streifen schneiden. 2 EL Olivenöl in einer Pfanne erhitzen, den Ingwer darin 2 Minuten dünsten. Pak Choi zugeben und 1 Minute mitdünsten. Mit Sojasoße würzen.

3. Das Filet aus dem Beutel nehmen und etwas trocken tupfen. Das Fleisch auf dem heißen Grill grillen. Oder in einer Pfanne 2 EL Olivenöl erhitzen und das Fleisch darin rundherum kurz scharf anbraten. Dabei das Fleisch 1- bis 2-mal mit etwas Marinade aus dem Beutel bestreichen. Das Fleisch in Scheiben schneiden, mit Pak Choi und Frühlingszwiebelringen anrichten. Mit der übrigen Marinade beträufelt servieren.

TIPP

Dazu passt dünn aufgeschnittener Rettich, gerösteter Sesam und Jasminreis.

GARZEIT: 26 STD.
ZUBEREITUNGSZEIT: 35 MIN.

FÜR 4 PERSONEN

KALBSBÄCKCHEN

MIT PASTINAKENPÜREE UND GREMOLATA

ZUTATEN

FÜR DIE BÄCKCHEN

1,4 kg Kalbsbäckchen (küchenfertig vom Metzger vorbereiten lassen)
Salz, Pfeffer
4 Zweige Thymian
1 Knoblauchzehe
neutrales Pflanzenöl zum Braten
1 EL Tomatenmark
50 ml Aceto balsamico
30 ml Zuckerrübensirup
250 ml Rinderbrühe
200 ml roter Portwein
200 ml Bratensoße (Fertigprodukt)
etwas Speisestärke

FÜR DAS PÜREE

800 g Pastinaken
1 EL Butter
Salz
frisch geriebene Muskatnuss
100 g Sahne

FÜR DIE GREMOLATA

200 ml neutrales Pflanzenöl
50 g Pankobrösel (japanische Semmelbrösel)
2 EL gehackte Petersilie
1 Knoblauchzehe
1 TL abgeriebene Schale 1 Bio-Zitrone

ZUBEREITUNG

1. Die Bäckchen salzen und pfeffern. Thymian waschen und trocken schütteln. Knoblauch schälen und zerdrücken. Etwas Öl in einer Pfanne erhitzen, die Bäckchen darin rundherum scharf anbraten. Thymian, Knoblauch und Tomatenmark zugeben und kurz mitbraten. Mit Essig, Zuckerrübenkraut, Brühe und Portwein ablöschen und offen 5–7 Minuten einkochen lassen. Alles in einem Vakuumbeutel vakuumieren oder in einen Ziplock-Beutel geben. Im Wasserbad bei **65 °C 26 Stunden** garen.

2. Die Pastinaken schälen und in feine Scheiben schneiden. Mit Butter, Salz, 1 Prise Muskat und Sahne in einem Vakuumbeutel vakuumieren oder in einen Ziplock-Beutel geben. Etwa 4 Stunden vor dem Ende der Garzeit der Bäckchen im Wasserbad mitgaren. Danach im Mixer fein pürieren.

3. Für die Gremolata das Pflanzenöl erhitzen. Pankobrösel und Petersilie darin goldbraun frittieren, durch ein Sieb gießen und den Mix auf Küchenpapier legen. Den Knoblauch schälen und fein reiben. Mit Zitronenschale und Bröselmix mischen und salzen.

4. Den Bratensud aus dem Beutel durch ein Sieb in einen Topf abgießen, mit der Bratensoße aufkochen und offen etwas einkochen lassen. Die Speisestärke mit etwas kaltem Wasser anrühren und die Soße damit binden. Die Kalbsbäckchen mit Soße, Pastinakenpüree und Gremolata servieren.

TIPP

200 g Erbsen (gepalt oder TK) in 50 g Butter schwenken. 200 g Kopfsalat in feine Streifen schneiden und unterheben. 3 EL Sahne zugeben und kurz aufkochen. Mit Salz, Pfeffer und etwas Zitronenschale würzen.

GARZEIT: 1 STD.
ZUBEREITUNGSZEIT: 30 MIN.

FÜR 4 PERSONEN

RUMPSTEAK

MIT CHIMICHURRI UND KONFIERTEN TOMATEN

ZUTATEN

FÜR DIE STEAKS
4 Rumpsteaks (à 220–250g, ca. 2,5cm dick)
4EL Olivenöl
6 Zweige Thymian
3 Zweige Rosmarin
50g Butter

FÜR DIE TOMATEN
500g bunte Kirschtomaten
2EL Olivenöl
3 Zweige Thymian

FÜR DIE CHIMICHURRI
2 Bund glatte Petersilie
1 Schalotte
2 Knoblauchzehen
1 Bio-Limette
200ml Olivenöl
1TL Chiliflocken
2TL getrockneter Thymian
2TL getrockneter Oregano

AUSSERDEM
Salz, Pfeffer

ZUBEREITUNG

1. Die Steaks mit 2EL Olivenöl in einem Vakuumbeutel vakuumieren oder in einen Ziplock-Beutel geben. Im Wasserbad bei **56°C 1 Stunde** garen. (Ein 3,8cm dickes Steak braucht 1 Stunde 30 Minuten, ein 5cm dickes Steak braucht bei gleicher Temperatur 2 Stunden.)

2. Die Kirschtomaten waschen. Den Thymian waschen und trocken schütteln. Beides mit ½ TL Salz, etwas Pfeffer und Olivenöl in einem Vakuumbeutel vakuumieren oder in einen Ziplock-Beutel geben. Etwa 20 Minuten vor dem Ende der Garzeit der Steaks im Wasserbad mitgaren.

3. Für die Chimichurri die Petersilie waschen, trocken schütteln und die Blättchen abzupfen. Schalotte und Knoblauch schälen und grob hacken. Die Limette heiß waschen und abtrocknen, 1TL Schale abreiben und den Saft auspressen. Alles mit Olivenöl, Chiliflocken und getrockneten Kräutern im Mörser oder in der Küchenmaschine zu einer pestoähnlichen Paste verarbeiten. Mit Salz und Pfeffer würzen.

4. Die Steaks aus dem Beutel nehmen und trocken tupfen. Rosmarin und Thymian waschen und trocken schütteln. 2EL Olivenöl in einer Pfanne erhitzen, die Steaks darin von beiden Seiten kurz scharf anbraten. Mit Salz und Pfeffer würzen. Die Pfanne vom Herd nehmen. Butter, Rosmarin und Thymian zugeben und die Steaks mit der Kräuterbutter übergießen. Mit Kirschtomaten und Chimichurri servieren.

GARZEIT: 35 MIN.
ZUBEREITUNGSZEIT: 40 MIN.

FÜR 4 PERSONEN

REHRÜCKEN

MIT WALNUSSKROKANT, SPITZKOHL UND PREISELBEEREN

ZUTATEN

FÜR DEN REHRÜCKEN
500 g Rehrücken
½ TL Wildgewürz
2 EL Olivenöl
4 Zweige Thymian
1 EL Butter

FÜR DEN KROKANT
2 EL Puderzucker
50 g Walnusskerne
1 TL gehackter Rosmarin
30 g getrocknete schwarze Oliven

FÜR DEN SPITZKOHL
600 g Spitzkohl
1 EL Butter
120 ml Gemüsebrühe
80 g Mascarpone (wahlweise 100 g Sahne)

AUSSERDEM
Öl für das Blech
Salz, Pfeffer
80 g Preiselbeeren

ZUBEREITUNG

1. Den Rehrücken von Fett und Sehnen befreien, waschen und trocken tupfen. Die Knochen des Rehs mit Frischhaltefolie umwickeln (damit der Beutel nicht einreißt). Mit dem Wildgewürz einreiben und mit 1 EL Olivenöl in einem Vakuumbeutel vakuumieren oder in einen Ziplock-Beutel geben. Im Wasserbad bei **62 °C 35 Minuten** garen.

2. Für den Krokant ein Backblech mit Öl einfetten. Den Puderzucker in einer Pfanne karamellisieren. Walnusskerne und Rosmarin zugeben und unterrühren. Die Masse auf dem Blech verteilen und abkühlen lassen. Die Oliven fein und den Krokant grob hacken, dann beides mischen und salzen.

3. Den Spitzkohl waschen, vierteln, den Strunk entfernen und die Viertel in grobe Rauten schneiden. 1 EL Butter in einem Topf zerlassen, den Kohl darin 2–3 Minuten andünsten. Brühe und Mascarpone zugeben, alles zugedeckt 5 Minuten garen. Mit etwas Salz würzen.

4. Den Rehrücken aus dem Beutel nehmen und trocken tupfen. Thymian waschen und trocken schütteln. 1 EL Olivenöl in einer Pfanne erhitzen, das Fleisch darin von beiden kurz scharf anbraten. 1 EL Butter und Thymian zugeben und kurz aufschäumen lassen. Mit Salz und Pfeffer würzen. Den Rehrücken in Scheiben schneiden. Mit Spitzkohl, Preiselbeeren und mit Walnusskrokant bestreut servieren.

TIPP

Wer will, kann sich vom Metzger die Rehknochen mitgeben lassen und daraus eine Bratensoße zubereiten und dazu reichen. Die Preiselbeeren weglassen, dafür 30 g getrocknete Aprikosen würfeln und unter den Spitzkohl rühren.

GARZEIT: 30 MIN.
ZUBEREITUNGSZEIT: 40 MIN.

FÜR 4 PERSONEN

LAMMKARREE

MIT AUBERGINENKOMPOTT UND KICHERERBSEN-SPINAT-GEMÜSE

ZUTATEN

FÜR DAS KOMPOTT
2 Auberginen
3 EL Olivenöl
½ TL Liquid Smoke (Supermarkt, Internetshop)

FÜR DAS LAMMKARREE
2 Lammkarrees (à 350–400 g)
8 EL Olivenöl
½–1 TL Harissa (nordafrikanische Chilipaste)
½ TL Ras el Hanout

FÜR DAS GEMÜSE
2 Dosen Kichererbsen (à 400 g Füllgewicht)
200 g junger Spinat
1 EL Butter

AUSSERDEM
Salz, Pfeffer
½ Bund Koriandergrün

ZUBEREITUNG

1. Backofen mit Backblech auf 180 °C (Ober-/Unterhitze) vorheizen. Auberginen längs halbieren, die Schnittfläche mehrmals kreuzweise einschneiden und mit Olivenöl bepinseln. Mit der Schnittfläche auf das Blech setzen. Im heißen Ofen (Mitte) in 30–40 Minuten weichgaren.

2. Die Knochen der Lammkarrees mit Frischhaltefolie umwickeln. Das Fleisch mit 2 EL Olivenöl in einem Vakuumbeutel vakuumieren oder in einen Ziplock-Beutel geben. Im Wasserbad bei **58 °C 30 Minuten** garen.

3. Auberginen herausnehmen. Das Fruchtfleisch aus der Schale lösen und feinhacken. Mit Liquid Smoke, Salz und Pfeffer würzen und warmhalten. Kichererbsen abgießen, kalt abspülen und abtropfen lassen. Spinat verlesen und waschen. Die Butter zerlassen, die Kichererbsen darin 2 Minuten dünsten. Den Spinat zugeben und kurz mitdünsten. Mit Salz und Pfeffer würzen.

4. Die Karrees aus dem Beutel nehmen und trocken tupfen. 2 EL Olivenöl in einer Pfanne erhitzen, das Fleisch darin von beiden Seiten kurz scharf anbraten, dann salzen und pfeffern. Harissa mit 4 EL Olivenöl und Ras el Hanout verrühren, die Karrees damit bepinseln. Das Koriandergrün waschen, trocken schütteln und die Blättchen abzupfen. Lammkarrees in breite Scheiben schneiden. Mit Auberginenkompott, Gemüse, Korianderblättern und übrigem Harissaöl beträufelt servieren.

GARZEIT: 6 STD.
ZUBEREITUNGSZEIT: 15 MIN.

FÜR 4 PERSONEN

KANINCHENKEULE

MIT SALBEIBUTTER UND FREGOLA SARDA

ZUTATEN

4 Kaninchenkeulen (à 300–350 g)
Salz, Pfeffer
50 g geräucherter Bauchspeck
3 Stängel Salbei
1 Knoblauchzehe
4 EL Olivenöl
300 ml Geflügelfond

FÜR DIE FREGOLA SARDA
1 Zwiebel
1 EL Olivenöl
100 g Fregola sarda (sardische Pastakugeln)
400 ml Geflügelfond
200 g Erbsen (gepalt oder TK)
50 g Parmesan
40 g kalte Butter
Salz, Pfeffer, Cayennepfeffer

AUSSERDEM
100 g kalte Butterwürfel
12 Salbeiblätter
100 g Sahne
40 g Pinienkerne, geröstet

ZUBEREITUNG

1. Kaninchenkeulen waschen und trocken tupfen, salzen und pfeffern. Den Speck würfeln. Den Salbei waschen und trocken schütteln. Knoblauch schälen. Olivenöl in einer Pfanne erhitzen, die Keulen darin rundherum anbraten, dabei den Speck kurz mitbraten. Die Keulen etwas abkühlen lassen. Dann mit Salbei, Knoblauch und Fond in einem Vakuumbeutel vakuumieren oder in einen Ziplock-Beutel geben. Im Wasserbad bei **80 °C 6 Stunden** garen.

2. Zwiebel schälen und fein würfeln. 1 EL Olivenöl erhitzen, die Zwiebel darin glasig dünsten. Fregola sarda zugeben und kurz mitdünsten. Den Geflügelfond dazugießen, aufkochen und alles zugedeckt bei niedriger Hitze in 12–15 Minuten bissfest garen. Falls nötig, noch etwas Wasser zugeben. Die Erbsen zugeben und aufkochen. Parmesan reiben und mit der Butter unterrühren. Mit Salz, Pfeffer und etwas Cayennepfeffer würzen.

3. Die Kaninchenkeulen aus dem Beutel nehmen und gut trocken tupfen. 50 g Butter zerlassen, das Fleisch darin goldbraun braten. Salbeiblätter zugeben und die Pfanne vom Herd nehmen. Den Sud aus dem Beutel durch ein Sieb in einen Topf abgießen und mit Sahne aufkochen. Die übrige kalte Butter in Würfeln hinzufügen und mit einem Stabmixer aufmixen. Die Kaninchenkeulen mit Soße, Salbeiblättern, Pinienkernen und Fregola sarda servieren.

TIPP
Die Fregola sarda können Sie noch mit Tomatenwürfeln und gehackten schwarzen Oliven verfeinern.

GARZEIT: 55 MIN.
ZUBEREITUNGSZEIT: 35 MIN.

FÜR 4 PERSONEN

SCHWEINEFILET

MIT SALZMANDELSCHAUM, GRÜNEM SPARGEL UND PANCHETTA

ZUTATEN

800 g Schweinefilet aus der Mitte (1–2 Stück, ca. 5 cm dick)
3 Stängel Basilikum
50 ml Geflügelbrühe (wahlweise Gemüsebrühe)
40 g Butter
½ TL abgeriebene Schale 1 Bio-Zitrone
2 EL Olivenöl

FÜR DEN SPARGEL
750 g grünen Spargel
30 g Butter

FÜR DIE SOSSE
250 ml Geflügelbrühe (wahlweise Gemüsebrühe)
40 g kalte Butter
1–2 Tropfen Mandelaroma (nach Belieben)

AUSSERDEM
Salz, Pfeffer
50 g Panchetta in Scheiben
40 g geröstete Salzmandeln

ZUBEREITUNG

1. Schweinefilet von Fett und Sehnen befreien, waschen und trocken tupfen. Basilikum waschen und trocken schütteln. Das Fleisch mit Brühe, Butter, Basilikum und Zitronenschale in einem Vakuumbeutel vakuumieren oder in einen Ziplock-Beutel geben. Im Wasserbad bei **58 °C 55 Minuten** garen.

2. Spargel waschen und die holzigen Enden abschneiden. Das untere Drittel der Stangen schälen. Den Spargel in einem Dämpfeinsatz über kochendem Wasser 4–5 Minuten dämpfen. In einer Schüssel mit der Butter schwenken, mit Salz und Pfeffer würzen und warmhalten. Panchetta in einer heißen Pfanne knusprig braten, dann auf Küchenpapier entfetten.

3. Das Fleisch aus dem Beutel nehmen und trocken tupfen. 2 EL Olivenöl in einer Pfanne erhitzen, die Filets darin rundherum kurz scharf anbraten. Mit Salz und Pfeffer würzen. Den Sud aus dem Beutel durch ein Sieb in einen Topf abgießen und mit der Geflügelbrühe aufkochen. Die kalte Butter in Würfeln und nach Belieben das Mandelaroma hinzufügen. Die Soße mit einem Stabmixer schaumig aufmixen. Salzmandeln grob hacken. Das Fleisch in Scheiben schneiden, mit Soße, Spargel, Mandeln und Panchetta servieren.

GARZEIT: 9 STD. + 2 STD.
ZUBEREITUNGSZEIT: 45 MIN.

FÜR 4 PERSONEN

ENTENKEULEN

MIT ROTWEINSCHALOTTEN UND SELLERIEPÜREE

ZUTATEN

4 Entenkeulen (à 300–350 g)
Salz, Pfeffer
1 kleines Bund Beifuß
2 Bio-Orangen
etwas neutrales Pflanzenöl

FÜR DIE SCHALOTTEN
500 g Schalotten
100 ml Rinderfond
200 ml Rotwein
4 EL Aceto balsamico
1 EL Ahornsirup
1 Lorbeerblatt
4 Nelken
1 Zimtstange
2 TL Speisestärke

FÜR DAS PÜREE
700 g Knollensellerie
120 g Sahne
20 g Butter
Salz, Pfeffer

ZUBEREITUNG

1. Entenkeulen waschen und trocken tupfen, salzen und pfeffern. Beifuß waschen und trocken schütteln. Orangen heiß waschen, abtrocknen und in Scheiben schneiden. Mit den Entenkeulen und dem Bund Beifuß in einem Vakuumbeutel vakuumieren oder in einen Ziplock-Beutel geben. Im Wasserbad bei **78 °C 9 Stunden** garen.

2. Für die Rotweinschalotten die Schalotten schälen, mit den übrigen Zutaten bis auf die Speisestärke in einem Vakuumbeutel vakuumieren. Für das Püree Sellerie putzen, schälen und würfeln. Mit Sahne und Butter in einem Vakuumbeutel vakuumieren. Sellerie im Wasserbad bei **90 °C 2 Stunden** garen. 40 Minuten vor dem Ende der Garzeit den Beutel mit den Schalotten zugeben.

3. Das Gemüse mit Flüssigkeit in einen Topf geben und zu Püree zerstampfen, salzen und pfeffern. Die Schalotten mit dem entstandenen Sud in einen Topf geben, die Gewürze entfernen und alles aufkochen. Die Speisestärke mit 2 EL kaltem Wasser verrühren und unter die Schalotten rühren, sodass die Flüssigkeit gebunden wird.

4. Den Backofengrill auf 200 °C vorheizen. Entenkeulen aus dem Beutel nehmen und etwas trocken tupfen. Die Keulen mit Pflanzenöl bepinseln und so lange grillen, bis die Haut gebräunt ist. Die Entenkeulen mit Selleriepüree und Schalotten mit Sud anrichten.

GARZEIT: 10 STD.
ZUBEREITUNGSZEIT: 20 MIN.

FÜR 4 PERSONEN

GRÖÖNER HEIN

BIRNE, BOHNE UND SPECK

ZUTATEN

400 g Bauchspeck + 50 g fein gewürfelter Speck
1 EL Dijon-Senf
50 g Schweineschmalz (wahlweise Butterschmalz)
2 Stängel Bohnenkraut
150 ml Fleischbrühe
600 g grüne Bohnen
20 g Butter
½ TL Kümmelsamen
Salz
500 ml Weißwein
2 EL Zucker
4 feste Birnen
Kapuzinerkresse zum Garnieren

ZUBEREITUNG

1. 400 g Bauchspeck mit Senf und Schweineschmalz einreiben. Das Bohnenkraut waschen und trocken schütteln. Bauchspeck, Fleischbrühe und Bohnenkraut in einem Vakuumbeutel vakuumieren oder in einen Ziplock-Beutel geben. Im Wasserbad bei **80 °C 10 Stunden** garen.

2. Die Bohnen putzen, mit heißem Wasser übergießen und abtropfen lassen. Die Bohnen mit Butter und Kümmel in eine Schüssel geben und leicht salzen. Dann in einem Vakuumbeutel vakuumieren. Etwa 1 Stunde 10 Minuten vor dem Garzeitende des Bauchspecks die Bohnen im Wasserbad mitgaren.

3. Den Wein mit 250 ml Wasser und dem Zucker mischen. Die Birnen schälen, halbieren und entkernen, mit dem Sud in einem Vakuumbeutel vakuumieren. Etwa 1 Stunde vor dem Garzeitende der Bohnen im Wasserbad mitgaren.

4. Kurz vor dem Servieren den feingewürfelten Bauchspeck in einer heißen Pfanne auslassen, bis die Speckwürfel knusprig sind. Den Bauchspeck aus dem Beutel nehmen. Den Sud in einen Topf geben, aufkochen und 30 g Butter zufügen, mit dem Mixstab aufschäumen. Den Bauchspeck in Scheiben schneiden. Mit Bohnen und Birnen anrichten und die Bohnen mit den Speckwürfeln bestreuen. Den Bauchspeck mit dem geschäumten Sud überziehen und mit Kapuzinerkresse garnieren.

TIPP

Dazu schmecken Salzkartoffeln oder Kartoffelpüree.

GARZEIT: 3 STD.
ZUBEREITUNGSZEIT: 35 MIN.

FÜR 4 PERSONEN

KALBSTAFELSPITZ

MIT KARTOFFELRISOTTO

ZUTATEN

FÜR DAS FLEISCH

750 g Kalbstafelspitz
Salz, Pfeffer
50 g Butter
2 Zweige Thymian
etwas Butterschmalz
2 EL Demi Glace (braune Grundsoße, Fertigprodukt)

FÜR DAS RISOTTO

600 g festkochende Kartoffeln
100 g Zwiebeln
1 Knoblauchzehe
2 EL Rapsöl
50 ml Weißwein
500 ml Gemüsebrühe
1 Msp. Muskatblüte
500 g breite grüne Bohnen
40 g Rauchkäse
80 g Parmesan
2 EL Butter
1 EL gehackte Petersilie
Salz, Pfeffer

ZUBEREITUNG

1. Tafelspitz waschen und trocken tupfen, salzen und pfeffern. Die Butter klein würfeln. Den Thymian waschen und trocken schütteln. Das Fleisch mit Butterwürfeln und Thymian in einem Vakuumbeutel vakuumieren oder in einen Ziplock-Beutel geben. Im Wasserbad bei **56 °C 3 Stunden** garen.

2. Für das Risotto die Kartoffeln schälen und in 0,5 cm große Würfel schneiden. Zwiebeln und Knoblauch schälen und fein würfeln. Rapsöl in einem Topf erhitzen, Zwiebel und Knoblauch darin glasig dünsten. Kartoffelwürfel hinzufügen und 2 Minuten mitdünsten. Mit Wein und Brühe ablöschen und mit Muskat würzen. Alles aufkochen und 15 Minuten köcheln lassen, dabei gelegentlich umrühren. Inzwischen die Bohnen waschen, putzen, klein schneiden und in den letzten 5 Minuten mitgaren.

3. Beide Käsesorten reiben. Mit Butter und Petersilie 1 Minute vor dem Garzeitende unter das Risotto heben. Das Risotto salzen und pfeffern.

4. Das Fleisch aus dem Beutel nehmen und etwas trocken tupfen. Etwas Butterschmalz in einer Pfanne erhitzen. Den Tafelspitz darin rundherum kurz scharf anbraten, dann in Scheiben schneiden. Den Sud aus dem Beutel mit der Grundsoße verrühren und erwärmen. Das Fleisch mit dem Risotto anrichten und mit der Soße beträufeln.

TIPP
Nach Belieben Sahnemeerrettich dazu servieren.

GARZEIT: 45 MIN. + 45 MIN.
ZUBEREITUNGSZEIT: 40 MIN.

FÜR 4 PERSONEN

BŒUF STROGANOFF

MIT KRÄUTERSEITLING-PERLZWIEBEL-WILDREIS

ZUTATEN

2 kleine Rote Bete
Olivenöl
2 Zweige Thymian
2 TL Senfkörner
50 ml Gurkenwasser
800 g Roastbeef (1,5 cm dick)
Salz

FÜR DEN WILDREIS
200 g Basmati-Wildreis
200 g Kräuterseitlinge
20 g Butterschmalz
20 Perlzwiebeln (in Aceto balsamico eingelegt, Fertigprodukt)

FÜR DIE SOSSE
100 ml Fleischbrühe
100 ml Demi Glace (braune Grundsoße, Fertigprodukt)
2 EL Gurkenwasser
1 TL grobkörniger Senf
100 g Schmand
Salz, Pfeffer

AUSSERDEM
2 Essiggurken

ZUBEREITUNG

1. Rote Bete schälen, in dünne Scheiben hobeln und mit etwas Olivenöl beträufeln. Thymian waschen und trocken schütteln. Alles in einem Vakuumbeutel vakuumieren oder in einen Ziplock-Beutel geben. Im Wasserbad bei **85 °C 45 Minuten** garen. Senfkörner mit Gurkenwasser aufkochen und 10 Minuten ziehen lassen. Roastbeef mit Senfkörnern und Sud in einem Vakuumbeutel vakuumieren oder in einen Ziplock-Beutel geben. Im Wasserbad bei 65 °C 45 Minuten garen.

2. Den Wildreis nach Packungsangabe garen. Inzwischen für die Soße die Fleischbrühe mit der Grundsoße und dem Gurkenwasser in einer Pfanne aufkochen und offen etwas einkochen lassen. Senf und Schmand hinzufügen und unterrühren. Die Soße mit Salz und Pfeffer würzen und warmhalten.

3. Die Kräuterseitlinge putzen, abreiben und in Scheiben schneiden. Butterschmalz in einer Pfanne erhitzen, Pilze und Perlzwiebeln darin 4 Minuten anbraten. Den Wildreis abgießen und unterheben.

4. Essiggurken längs ins Scheiben schneiden. Das Fleisch aus dem Beutel nehmen und etwas trocken tupfen. Etwas Olivenöl in einer Pfanne erhitzen. Das Fleisch darin rundherum scharf anbraten, dann in breite Scheiben schneiden. Das Fleisch mit Wildreis, Gurken- und Rote-Bete-Scheiben anrichten und mit der Senfsoße überziehen.

TIPP
Um Zeit zu sparen, kann natürlich auch vorgegarte Rote Bete verwendet werden.

GARZEIT: 3 STD.
ZUBEREITUNGSZEIT: 45 MIN.

FÜR 4 PERSONEN

KASSELER

MIT RAHMSAUERKRAUT UND WEINTRAUBEN

ZUTATEN

600 g Kasseler Rücken
100 ml Fleischfond
1 Lorbeerblatt

FÜR DAS SAUERKRAUT
2 Schalotten
150 g Bauchspeck
1 EL Schweineschmalz
1 kg Sauerkraut
1 Schuss Weißwein
200 ml Fleischbrühe
2 EL Schmand
2 Wacholderbeeren
1 Lorbeerblatt
Salz, Pfeffer
100 g Butter

FÜR DEN SIRUP
80 ml roter Traubensaft
50 ml Portwein
1 Handvoll kernlose weiße Weintrauben

ZUBEREITUNG

1. Das Kasseler mit dem Fleischfond und dem Lorbeerblatt in einem Vakuumbeutel vakuumieren oder in einen Ziplock-Beutel geben. Im Wasserbad bei **65 °C 3 Stunden** garen.

2. Für das Sauerkraut die Schalotten schälen und fein hacken. Den Bauchspeck klein würfeln. Das Schweineschmalz in einer großen Pfanne erhitzen, den Bauchspeck darin 3 Minuten auslassen. Schalotten zugeben und kurz mitbraten. Sauerkraut untermischen. Mit Weißwein und Fleischbrühe ablöschen und etwas einkochen lassen. Sauerkraut, Schmand, Gewürzen und Butter in kleinen Stücken in einem Vakuumbeutel vakuumieren oder in einen Ziplock-Beutel geben. Im Wasserbad bei 85 °C 1 Stunde garen.

3. Traubensaft und Portwein in einem kleinen Topf mischen, aufkochen und offen zu einem Sirup einkochen lassen. Trauben waschen, halbieren und im Sirup erwärmen. Das Fleisch aus dem Beutel nehmen und in dünne Scheiben schneiden. Das rahmige Sauerkraut mit dem Kasseler anrichten, mit dem Fleischsud übergießen und mit dem Sirup beträufeln.

TIPP
Dazu passt Kartoffelpüree mit Röstzwiebeln.

GARZEIT: 48 STD.
ZUBEREITUNGSZEIT: 25 MIN.

FÜR 4 PERSONEN

SHORT RIBS SOUS-VIDE

IM THAI-BBQ-RUB

ZUTATEN

2 Stängel Zitronengras
2 Bio-Limetten
1 EL brauner Zucker
1 EL Korianderkörner
1 TL Meersalz
1 TL Szechuan-Pfeffer
1 TL Paprikapulver
2 kg Short Ribs vom Rind (Querrippe)
150 ml BBQ-Soße
100 ml Teryakisoße
30 ml Tamarindensoße

ZUBEREITUNG

1. Für den Rub das Zitronengras putzen, vierteln und sehr fein hacken. Die Limetten heiß waschen, abtrocknen und die Schale fein abreiben. Beides mit braunem Zucker, Korianderkörnern, Meersalz, Szechuan-Pfeffer und Paprikapulver im Mörser zerreiben.

2. Die Short Ribs in vier Portionen teilen, diese jeweils mit dem Rub einreiben. Jede Portion in einem Vakuumbeutel vakuumieren oder in einen Ziplock-Beutel geben. Im Wasserbad bei **75 °C 48 Stunden** garen.

3. Den Grill vorbereiten oder den Ofen mit Grillfunktion auf die höchste Stufe schalten. Die Soßen verrühren. Die Short Ribs aus den Vakuumbeuteln nehmen, etwas trocken tupfen und damit bestreichen. Das Fleisch von beiden Seiten etwa 4 Minuten grillen.

TIPP

Dazu passt Coleslaw mit frisch geschnittenem Koriandergrün und Mangowürfeln.

GARZEIT: 48 STD.
ZUBEREITUNGSZEIT: 20 MIN.

FÜR 4 PERSONEN

RINDERRAGOUT

IN COLA GEGART

ZUTATEN

200 g Gemüsezwiebeln
2 Knoblauchzehen
8 Cocktailtomaten
2 Zweige Thymian
1 Zweig Rosmarin
1 EL Butterschmalz
600 g Rindergulasch (aus der Schulter)
1 EL Tomatenmark
1 EL edelsüßes Paprikapulver
250 ml Cola
1 Lorbeerblatt
Salz, Pfeffer

AUSSERDEM

1 kleines Bund Koriandergrün
1 kleines Bund Petersilie

ZUBEREITUNG

1. Zwiebeln und Knoblauch schälen und klein schneiden. Die Tomaten waschen und mit einer Gabel anstechen. Thymian und Rosmarin waschen und trocken schütteln. Das Butterschmalz in einem Topf erhitzen, das Fleisch darin bei hoher Hitze 5 Minuten rundum scharf anbraten. Zwiebeln, Knoblauch, Tomatenmark und Paprikapulver hinzufügen, alles mit Cola ablöschen und verrühren. Das Fleisch mit Tomaten, Kräutern, Lorbeerblatt, Salz und Pfeffer in einem Vakuumbeutel vakuumieren oder in einen Ziplock-Beutel geben. Im Wasserbad bei **64 °C 48 Stunden** garen.

2. Koriandergrün und Petersilie waschen und trocken schütteln, die Blättchen fein hacken und beides mischen. Das Fleisch aus dem Beutel nehmen. Thymian, Rosmarin und Lorbeerblatt entfernen. Das Rinderragout mit der Koriander-Petersilien-Mischung bestreut servieren.

TIPP

Dazu passen Nudeln, Reis oder Bulgur.

GARZEIT: 2 STD. + 25 MIN.
ZUBEREITUNGSZEIT: 30 MIN.

FÜR 4 PERSONEN

HIRSCHFILET

MIT PORTWEINFRÜCHTEN UND SÜSSKARTOFFELPÜREE

ZUTATEN

FÜR DAS PÜREE
800 g Süßkartoffeln
2 Zweige Thymian
½ TL Knoblauchpulver
1 Lorbeerblatt
20 g Butter
1 EL Kürbiskernöl
1 TL Ahornsirup
Salz, Pfeffer

FÜR DAS FLEISCH
600 g Hirschfilet
100 g Frühstücksspeck in Scheiben
1 EL Olivenöl
Salz, Pfeffer
1 EL Butterschmalz

FÜR DIE FRÜCHTE
2 Zweige Thymian
2 Salbeiblätter
150 g gemischtes Trockenobst
50 ml Portwein
200 ml Kalbsfond
2 TL Johannisbeergelee
25 g kalte Butter
Salz, Pfeffer

ZUBEREITUNG

1. Die Süßkartoffeln schälen und 2 cm groß würfeln. Thymian waschen und trocken schütteln. Beides mit Knoblauchpulver, Lorbeerblatt, Butter, Kürbiskernöl und Ahornsirup in einem Vakuumbeutel vakuumieren oder in einen Ziplock-Beutel geben. Im Wasserbad bei **90 °C 2 Stunden** garen. Anschließend Lorbeerblatt und Thymian entfernen. Die Kartoffeln zerstampfen und glatt rühren, salzen und pfeffern.

2. Das Hirschfilet waschen und trocken tupfen, im Ganzen mit Speckscheiben umwickeln und mit Olivenöl bestreichen. Das Fleisch in einem Vakuumbeutel vakuumieren oder in einen Ziplock-Beutel geben und im Wasserbad bei **62 °C 25 Minuten** garen.

3. Die Kräuter waschen und trocken schütteln. Mit den Trockenfrüchten, Portwein und Kalbsfond in einem Topf aufkochen und 10 Minuten köcheln lassen. Das Johannisbeergelee unterrühren und die Früchte offen 20 Minuten einkochen lassen, dann mit der kalten Butter abbinden. Die Kräuter entfernen und die Früchte salzen und pfeffern.

4. Das Hirschfilet aus dem Beutel nehmen, salzen und pfeffern. Das Butterschmalz in einer Pfanne erhitzen. Das Fleisch darin pro Seite 30 Sekunden anbraten, dann in Scheiben schneiden. Hirschfilet mit Portweinfrüchten und Süßkartoffelpüree anrichten und servieren.

GARZEIT: 30 MIN.
ZUBEREITUNGSZEIT: 30 MIN.

FÜR 4 PERSONEN

LAMMLACHS

MIT RHABARBER UND ORANGEN-COUSCOUS

ZUTATEN

FÜR DAS FLEISCH
600 g Lammlachs
1 EL Rapsöl
Salz, Pfeffer
2 Zweige Zitronenthymian
etwas Butterschmalz

FÜR DEN RHABARBER
2 Stangen Rhabarber
20 g Butter
1 EL brauner Zucker
1 Zimtstange
1 Scheibe frischer Ingwer
2 EL Granatapfelkerne
1 EL Orangenlikör (z. B. Grand Marnier, nach Belieben)

FÜR DEN COUSCOUS
300 ml Gemüsebrühe
250 g Instant-Couscous
1 Bio-Orange
Salz, Pfeffer

ZUBEREITUNG

1. Lammlachs mit Rapsöl bepinseln, leicht salzen und pfeffern. Den Zitronenthymian waschen und trocken schütteln. Das Fleisch mit dem Zitronenthymian in einem Vakuumbeutel vakuumieren oder in einen Ziplock-Beutel geben.

2. Den Rhabarber waschen, putzen, eventuell entfädeln und in 8 cm lange Stücke schneiden. Mit Butter, braunem Zucker, Zimtstange, Ingwerscheibe, Granatapfelkernen und nach Belieben mit Orangenlikör in einem Vakuumbeutel vakuumieren. Lammlachsbeutel und Rhabarberbeutel im Wasserbad bei **58 °C 30 Minuten** garen.

3. Inzwischen die Gemüsebrühe aufkochen und den Couscous darin in 10 Minuten gar ziehen lassen. Die Orange heiß waschen und abtrocknen, die Schale abreiben und den Saft auspressen. Beides unter den Couscous rühren. Den Couscous mit Salz und Pfeffer würzen und warmhalten.

4. Den Garsud von Rhabarber und Lamm zu gleichen Teilen in einem Topf mischen, aufkochen und offen etwas einkochen lassen. Zimtstange, Ingwer und Thymian entfernen. Den Sud mit Salz und Pfeffer würzen. Etwas Butterschmalz erhitzen, Lammlachs darin von beiden Seiten 30 Sekunden scharf anbraten, dann in Scheiben schneiden. Den Orangen-Couscous mit dem Lammlachs und dem Rhabarber anrichten und mit dem Sud beträufeln.

GARZEIT: 24 STD.
ZUBEREITUNGSZEIT: 25 MIN.

FÜR 4 PERSONEN

BEINSCHEIBE VOM KALB

MIT POLENTA UND PARMESANPLÄTZCHEN

ZUTATEN

4 Beinscheiben vom Kalb
Olivenöl
Meersalz, Pfeffer
2 Zweige Rosmarin
2 Lorbeerblätter
1 EL Pfefferkörner
1 EL Butterschmalz
1 EL Zitronensaft

FÜR DIE POLENTA

500 ml Fleischbrühe (wahlweise Rinderfond)
500 ml Milch
200 g Instant-Polenta
50 g geriebener Parmesan
80 g Butter
Salz, Pfeffer

FÜR DIE PARMESANPLÄTZCHEN

50 g geriebener Parmesan

ZUBEREITUNG

1. Die Beinscheiben waschen, trocken tupfen und mit etwas Olivenöl bepinseln, salzen und pfeffern. Rosmarin waschen und trocken schütteln. Beinscheiben mit Rosmarinzweigen, Lorbeerblättern und Pfefferkörnern in einem Vakuumbeutel vakuumieren oder in einen Ziplock-Beutel geben. Im Wasserbad bei **65 °C 24 Stunden** garen.

2. Für die Polenta Brühe und Milch aufkochen, die Polenta einrieseln lassen und bei niedriger Hitze unter ständigem Rühren 1 Minute köcheln lassen. 50 g Parmesan und Butter unterrühren und zugedeckt 20 Minuten quellen lassen. Vor dem Servieren durchrühren, mit Salz und Pfeffer abschmecken.

3. Für die Parmesanplätzchen den Backofen auf 200 °C (Ober-/Unterhitze) vorheizen. Ein Backblech mit Backpapier auslegen. Den Parmesan in kleinen Häufchen daraufgeben und leicht andrücken. Im heißen Ofen (Mitte) 10 Minuten backen. Dann abkühlen lassen.

4. Die Beinscheiben aus dem Beutel nehmen. Das Butterschmalz in einer Pfanne erhitzen, die Scheiben darin von beiden Seiten 1 Minute braten oder im Ofen grillen. Mit Zitronensaft und Olivenöl bepinseln, mit Meersalz und Pfeffer würzen. Die Polenta umrühren, salzen und pfeffern. Beinscheiben mit Polenta und Parmesanplätzchen anrichten.

TIPP

Zum Gericht pro Person ein Gläschen Tomatensoße mit Trüffelaroma reichen (siehe S. 150).

HAUPTGERICHTE MIT FISCH

GARZEIT: 50 MIN.
ZUBEREITUNGSZEIT: 30 MIN.

FÜR 4 PERSONEN

BURNED MISO-LACHS

MIT EDAMAME

ZUTATEN

FÜR DEN FISCH

4 Lachsfilets mit Haut (à 200 g, ca. 4 cm dick)
Salz, Zucker
Olivenöl, Pfeffer

FÜR DIE SOSSE

80 g kalte Butter in Stückchen
2 EL helle Miso-Paste
1 EL Sesamöl
120 ml Geflügelbrühe
1–2 EL Limettensaft
1 TL fein geriebener Ingwer

AUSSERDEM

300 g TK-Edamame, geschält und aufgetaut (Asien- oder Bio-Laden)
2 EL gehacktes Koriandergrün
2 EL Frühlingszwiebelnringe
2 EL Röstzwiebeln (Fertigprodukt)

ZUBEREITUNG

1. Die Lachsfilets waschen und trocken tupfen. Salz und Zucker im Verhältnis 1:4 mischen und die Filets damit kräftig würzen. Den Lachs 10–15 Minuten ruhen lassen, dann unter fließendem Wasser abwaschen und trocken tupfen. Auf der Hautseite mehrmals einschneiden und mit etwas Olivenöl und Pfeffer in einem Vakuumbeutel vakuumieren oder in einen Ziplock-Beutel geben. Im Wasserbad bei **46 °C 50 Minuten** garen. (Filet 2,5 cm dick braucht 35 Minuten. Filet 1,5 cm dick braucht 25 Minuten.)

2. Die Edamame mit etwas Olivenöl und Salz in einem Vakuumbeutel vakuumieren oder in einen Ziplock-Beutel geben und 15 Minuten vor dem Ende der Garzeit der Filets ins Wasserbad geben. Alle Zutaten für die Soße in einem hohen Rührbecher durchmixen.

3. Den Lachs aus dem Beutel nehmen. Etwas Olivenöl in einer Pfanne erhitzen, die Lachsfilets darin nur auf der Hautseite 1 Minute knusprig braten, dann herausnehmen. Die Soße in die Pfanne geben, unter Rühren einmal aufkochen und auf tiefe Teller verteilen. Die Lachsfilets mit der Haut nach oben in die Soße legen. Edamame, Koriandergrün, Frühlingszwiebelringe und Röstzwiebeln daraufgeben und servieren.

TIPP

Dazu passt Jasminreis oder ein leicht getrüffeltes Kartoffelpüree.

GARZEIT: 25 MIN.
ZUBEREITUNGSZEIT: 1 STD.

FÜR 4 PERSONEN

WOLFSBARSCH

MIT THYMIANRISOTTO, CHORIZO UND MANDELN

ZUTATEN

4 Wolfsbarschfilets (à 160–180 g)
3 EL Olivenöl
Pfeffer

FÜR DAS RISOTTO
2 Schalotten
1 Knoblauchzehe
2 EL Olivenöl
200 g Risottoreis
100 ml Weißwein
800 ml heißer Fischfond (wahlweise Geflügelfond)
50 g Butter
40 g geriebener Parmesan
1 EL gehackter Zitronenthymian
Salz, Pfeffer
1 TL abgeriebene Schale 1 Bio-Zitrone

AUSSERDEM
80 g Chorizo (scharfe Paprikawurst)
50 g geschälte Mandeln

ZUBEREITUNG

1. Die Fischfilets auf der Hautseite zweimal einschneiden, mit 2 EL Olivenöl und Pfeffer in einem Vakuumbeutel vakuumieren oder in einen Ziplock-Beutel geben. Im Wasserbad bei **46 °C 25 Minuten** garen.

2. Für das Risotto Schalotten und Knoblauch schälen und fein würfeln. Olivenöl in einem Topf erhitzen, beides darin glasig dünsten. Den Reis hinzufügen und glasig werden lassen, dann mit dem Weißwein ablöschen und vollständig einkochen lassen. Nach und nach den heißen Fischfond zugießen, den Reis unter ständigem Rühren etwa 20 Minuten weich garen. Kurz vor dem Garzeitende Butter, Parmesan und Zitronenthymian unterrühren. Mit Salz, Pfeffer und Zitronenschale würzen.

3. Die Chorizo in Scheiben oder Würfel schneiden und in einer Pfanne knusprig braten. Die Mandeln unterrühren und kurz mitrösten.

4. Die Fischfilets aus dem Beutel nehmen und etwas trocken tupfen. 1 EL Olivenöl in einer Pfanne erhitzen, die Filets darin auf der Hautseite in 1 Minute knusprig braten. Mit dem Risotto und der Chorizo servieren.

TIPP
Dazu passt ein gemischter Salat.

GARZEIT: 20 MIN.
ZUBEREITUNGSZEIT: 45 MIN.

FÜR 4 PERSONEN

SEEFORELLE

MIT PERLGRAUPEN UND ZITRONENRICOTTA

ZUTATEN

FÜR DIE GRAUPEN
850 ml Gemüsebrühe
1 Schalotte
2 EL Olivenöl
200 g Perlgraupen
150 ml Weißwein
2 EL gehackte Petersilie
4 EL Schmand
Salz, Pfeffer

FÜR DEN FISCH
4 Seeforellenfilets ohne Haut (à 150 g)
Chiliflakes (wahlweise Piment d'Espelette)
2 EL Olivenöl

FÜR DAS GEMÜSE
200 g Zuckerschoten
200 g Erbsen (gepalt oder TK)
30 g Butter
Salz, Pfeffer

FÜR DEN ZITRONENRICOTTA
200 g Ricotta
1 TL abgeriebene Schale 1 Bio-Zitrone
1 EL Zitronensaft
Salz, Pfeffer

ZUBEREITUNG

1. Für die Graupen die Brühe aufkochen und warmhalten. Schalotte schälen und fein würfeln. 1 EL Olivenöl in einem Topf erhitzen, die Schalotte darin glasig dünsten. Die Graupen hinzufügen und kurz mitdünsten, mit Weißwein ablöschen und etwas einkochen lassen. Dann immer wieder Brühe dazugießen und rühren, bis die Graupen nach 25 Minuten bissfest sind. Kurz vor dem Ende der Garzeit Petersilie und Schmand unter die Graupen mischen. Mit Salz und Pfeffer würzen.

2. Die Fischfilets waschen und trocken tupfen. Mit Chiliflakes würzen und mit dem Olivenöl in einem Vakuumbeutel vakuumieren oder in einen Ziplock-Beutel geben. Im Wasserbad bei **46 °C 20 Minuten** garen.

3. Die Zuckerschoten waschen und putzen. Mit den Erbsen in einem Dämpfeinsatz über kochendem Wasser 4–5 Minuten dämpfen. Das Gemüse mit der Butter in einer Schüssel schwenken, salzen, pfeffern und warmhalten.

4. Den Ricotta mit Zitronenschale und -saft verrühren, mit Salz und Pfeffer würzen. Fischfilets aus dem Beutel nehmen und etwas trocken tupfen. 1 EL Olivenöl in einer Pfanne erhitzen, die Filets darin von beiden Seiten 1 Minute anbraten. Mit Graupen, Gemüse und Ricotta servieren.

TIPP

Nach Belieben mit frischen Kräutern wie Basilikum, Estragon oder Schnittlauch betreut servieren.

GARZEIT: 20 MIN.
ZUBEREITUNGSZEIT: 30 MIN.

FÜR 4 PERSONEN

KABELJAU

IM TOMATENSUD MIT ESTRAGONÖL UND AVOCADOCREME

ZUTATEN

FÜR DAS KRÄUTERÖL
15 g Estragon
15 g Petersilie
50 ml Olivenöl
50 ml Rapsöl

FÜR DEN TOMATENSUD
1 kg reife Tomaten
1 Schalotte
1 Stängel Basilikum
Mark 1 Vanilleschote
Salz, Pfeffer
Zucker

FÜR DEN FISCH
10 g Salz
1 TL Zucker
400 g Kabeljaufilet (ohne Gräten)
3 EL Zitronenöl

AUSSERDEM
1 reife Avocado
etwas Zitronensaft
Salz, Pfeffer

ZUBEREITUNG

1. Für das Kräuteröl die Kräuter waschen, die Blätter abzupfen und kurz blanchieren. Die Blätter herausnehmen und trocken tupfen. Oliven- und Rapsöl mit den Kräutern 1 Minute pürieren. Alles 1 Stunde ruhen lassen, anschließend durch einen Teefilter filtern (am besten über Nacht).

2. Für den Tomatensud die Tomaten waschen und klein schneiden. Die Schalotte schälen und zerkleinern, den Basilikum waschen und mit den restlichen Zutaten fein pürieren. Ein Sieb mit einem Passiertuch auslegen, das Püree hineingeben und abtropfen lassen, dabei den Sud auffangen. Den Sud salzen, pfeffern und abkühlen lassen.

3. Für den Kabeljau 10 g Salz und 90 ml Wasser verrühren, den Zucker unterrühren. Die Filets für 10 Minuten in diese Mischung legen. Dann den Fisch herausnehmen, trocken tupfen, in 4 Stücke teilen, mit Zitronenöl bepinseln und in einem Vauumbeutel vakuumieren oder in einen Ziplock-Beutel geben. Im Wasserbad bei **46 °C 25 Minuten** garen.

4. Avocado auslösen und mit etwas Zitronensaft, Salz und Pfeffer pürieren. Den Tomatensud lauwarm erhitzen und auf tiefe Teller verteilen. Den Kabeljau in den Sud legen und die Avocadocreme daraufgeben (eventuell mit einem Spritzbeutel). Alles mit Kräuteröl beträufeln. Das übrige Estragonöl kann man auch anderweitig verwenden.

GARZEIT: 25 MIN.
ZUBEREITUNGSZEIT: 35 MIN.

FÜR 4 PERSONEN

FORELLENFILET

IN NUSSBUTTER MIT FENCHELGEMÜSE, ALIGOT UND RÖSTZWIEBELN

ZUTATEN

2 Stängel Estragon
120 ml Gemüsebrühe (wahlweise Fischfond)
2 EL Weißwein
1 Lorbeerblatt
4 weiße Pfefferkörner
1 TL abgeriebene Schale von 1 Bio-Orange
30 g Butter
4 Forellenfilets mit Haut (ohne Gräten)

FÜR DAS ALIGOT

600 g mehling kochende Kartoffeln
Salz
300 g Bergkäse
2 EL Crème fraîche
20 g Butter
2 Msp. frisch geriebene Muskatnuss
Pfeffer

FÜR DAS GEMÜSE

1 Fenchelknolle
20 g Butter
100 ml Gemüsebrühe

AUSSERDEM

100 g Butter
4 EL Röstzwiebeln (Fertigprodukt)

ZUBEREITUNG

1. Den Estragon waschen. Die Brühe mit Weißwein, Estragon, Lorbeerblatt, Pfefferkörnern und Orangenschale in einem Topf aufkochen, dann 15 Minuten abkühlen lassen, abgießen und auffangen. Die Butter hinzufügen und mit einem Stabmixer aufmixen. Die Forellenfilets mit dem Sud in einem Vakuumbeutel vakuumieren oder in einen Ziplock-Beutel geben. Im Wasserbad bei **46 °C 25 Minuten** garen.

2. Für das Aligot die Kartoffeln waschen, schälen, in grobe Stücke schneiden und in kochendem Salzwasser weich garen. Den Käse fein reiben. Kartoffeln abgießen, Crème fraîche, Butter und Käse mit einem Schneebesen unter die Kartoffeln mischen und glatt rühren. Mit Muskat, Salz und Pfeffer würzen.

3. Für die Nussbutter 100 g Butter in einem kleinen Topf erhitzen, bis sie beginnt nussig zu duften und leicht gebräunt ist. Die Butter umfüllen und bis zum Servieren warmhalten.

4. Für das Fenchelgemüse den Fenchel waschen, putzen und fein hobeln. Die Butter zerlassen, den Fenchel darin kurz andünsten, die Brühe hinzufügen und 6 Minuten köcheln lassen.

5. Das Aligot auf Teller verteilen, die Forellenfilets dazulegen und jeweils mit 1 EL Nussbutter überziehen. Das Fenchelgemüse als Topping daraufgeben und alles mit Röstzwiebeln bestreuen.

GARZEIT: 25 MIN. + 30 MIN.
ZUBEREITUNGSZEIT: 20 MIN.

FÜR 4 PERSONEN

SCHWERTFISCHSTICKS

MIT CORNFLAKESBRÖSELN UND VANILLE-SPITZKOHL

ZUTATEN

FÜR DEN FISCH

4 Schwertfischfilets (à 160 g, ca. 3 cm dick)
4 EL Olivenöl
1 EL Zitronensaft
Salz, Pfeffer
20 g ungesüßte Cornflakes
20 g Butter
2 EL Semmelbrösel
½ TL abgeriebene Schale von 1 Bio-Zitrone

FÜR DEN SPITZKOHL

500 g Spitzkohl
25 g Butter
1 EL Haselnussöl
Mark 1 Vanilleschote
½ TL Piment d'Espelette (wahlweise Chiliflakes)
Salz, Pfeffer

ZUBEREITUNG

1. Die Schwertfischfilets waschen und trocken tupfen. Den Fisch mit Olivenöl und Zitronensaft in einem Vakuumbeutel vakuumieren oder in einen Ziplock-Beutel geben. Im Wasserbad bei **48 °C 25 Minuten** garen.

2. Den Spitzkohl waschen, putzen und fein raspeln oder in dünne Streifen schneiden. Butter und Haselnussöl mit Piment d'Espelette und Vanillemark in einer Pfanne aufschäumen. Den Spitzkohl hinzufügen, durchschwenken und zugedeckt etwa 7 Minuten dünsten. Mit Salz und Pfeffer abschmecken.

3. Die Cornflakes leicht zerbröseln. 20 g Butter in einer Pfanne aufschäumen, die Cornflakes und Semmelbrösel darin bei mittlerer Hitze kurz rösten. Die Zitronenschale untermischen, leicht salzen. Den Schwertfisch aus dem Beutel nehmen und in 3 cm große Würfel schneiden. Die Fischwürfel auf Spieße stecken. Die Schwertfischsticks in den Cornflakesbröseln wälzen und mit dem Vanille-Spitzkohl anrichten.

GARZEIT: 20 MIN.
MARINIERZEIT: 5 STD.
ZUBEREITUNGSZEIT: 30 MIN.

FÜR 4 PERSONEN

ZANDERFILET

MIT ZITRONENSCHAUM, KNUSPERKARTOFFELN UND PORTULAK

ZUTATEN

FÜR DIE KNUSPER-KARTOFFELN

600 g vorwiegend festkochende Kartoffeln
Salz
2 EL Butterschmalz
1 EL gehackte Petersilie

FÜR DEN FISCH

4 Zanderfilets ohne Haut (à 180 g)
Salz
300 ml Bio-Rote-Bete-Saft
1 TL Aceto balsamico

FÜR DIE SOSSE

125 g Butter
1 Zitrone
200 g Sahne
100 ml Gemüsebrühe
1–2 EL Worcestersoße
1–2 EL Kalbsjus (wahlweise Bratensoße, Fertigprodukt)

AUSSERDEM

1 Bund Portulak (wahlweise Brunnenkresse)

ZUBEREITUNG

1. Die Kartoffeln waschen, schälen und in 1 cm große Würfel schneiden. In kochendem Salzwasser bissfest garen, dann abgießen und auf Küchenpapier abkühlen lassen.

2. Die Fischfilets waschen und trocken tupfen. Mit Salz würzen und mit dem Rote-Bete-Saft und Essig in einem Vakuumbeutel vakuumieren oder in einen Ziplock-Beutel geben und 5 Stunden marinieren. Danach im Wasserbad bei **46 °C 20 Minuten** garen.

3. Für die Soße die Butter erhitzen, bis sie beginnt, nussig zu duften und leicht gebräunt ist. Durch ein Sieb passieren und etwas abkühlen lassen. Den Saft der Zitrone auspressen. Die gebräunte Butter mit Sahne, Gemüsebrühe und Zitronensaft aufkochen, mit Worcestersoße und Kalbsjus abschmecken und mit einem Stabmixer schaumig aufmixen.

4. Das Butterschmalz in einer Pfanne erhitzen, die Kartoffelwürfel darin goldbraun braten. Mit Salz würzen und die Petersilie unterrühren. Portulak waschen, trocken tupfen und in mundgerechte Stücke zupfen. Zanderfilets mit Soße, Kartoffeln und Portulak anrichten und servieren.

TIPP

300 g Rote Bete schälen, in 1 cm dicke Spalten schneiden und mit etwas Rote-Bete-Saft, Thymian und Salz würzen. In einem Vakuumbeutel vakuumieren oder in einen Ziplock-Beutel geben und im Wasserbad bei 90 °C 2 Stunden garen.

GARZEIT: 30 MIN.
ZUBEREITUNGSZEIT: 40 MIN.

FÜR 4 PERSONEN

ROTBARSCH-WIRSING-WICKEL

MIT ZITRONEN-WEIZEN-RISOTTO

ZUTATEN

FÜR DIE WICKEL

4 Wirsingblätter
400 g Rotbarschfilet (wahlweise Kabeljau ohne Gräten)
1 Scheibe Weißbrot ohne Rinde
1 Ei
1 TL geriebener frischer Ingwer
15 g Butter
125 g Sahne
Salz, Pfeffer
Küchengarn

FÜR DAS RISOTTO

500 ml Gemüsebrühe
4–6 braune Champignons
1 Schalotte
1 Knoblauchzehe
1 EL Rapsöl
200 g Zartweizen (z. B. Ebly)
60 ml Weißwein
20 g Butter
2 EL Schmand
1 EL gehackte Petersilie
1 TL abgeriebene Schale 1 Bio-Zitrone
Salz, Pfeffer

ZUBEREITUNG

1. Wirsingblätter waschen, von den harten Rippen befreien, in einem Dämpfeinsatz über kochendem Wasser **10 Minuten** dämpfen. Danach mit kaltem Wasser abschrecken. Fisch waschen und trocken tupfen. 150 g Fischfilet und Weißbrot grob würfeln. Mit Ei, Ingwer, Butter, Sahne und ½ TL Salz in der Küchenmaschine zu einer Farce verarbeiten. Den Rest des Fischfilets in Würfel schneiden und mit der Farce vermischen.

2. Die Farce gleichmäßig auf den Wirsingblättern verteilen, die Blätter zu einem Päckchen formen und mit Küchengarn umwickeln. Die Wickel in einem Dämpfeinsatz über kochendem Wasser 15 Minuten garen.

3. Für das Risotto die Brühe aufkochen und warmhalten. Die Pilze putzen und in feine Scheiben schneiden. Schalotten und Knoblauch schälen und fein würfeln. 1 EL Rapsöl erhitzen, beides darin glasig dünsten. Zartweizen hinzufügen und kurz mitdünsten, mit Weißwein ablöschen und etwas einkochen lassen. Dann immer wieder Brühe zugießen und rühren, bis der Zartweizen nach etwa 10 Minuten bissfest ist.

4. Kurz vor dem Ende der Garzeit die Butter zerlassen, die Pilze darin kurz anbraten. Schmand, Petersilie und Zitronenschale unterrühren. Die Pilze salzen, pfeffern und unter das Risotto mischen. Die Fischwickel schräg anschneiden und mit dem Risotto anrichten.

TIPP

Für eine etwas leichtere Variante den Schmand bei den Pilzen durch Ricotta ersetzen.

GARZEIT: 6 STD.
ZUBEREITUNGSZEIT: 50 MIN.

FÜR 4 PERSONEN

PULPO

MIT SCHWARZEM RISOTTO UND KNUSPRIGEM SPECK

ZUTATEN

FÜR DEN PULPO

1 Bio-Zitrone
1 Knoblauchzehe
1 Pulpo (700–800 g)
1 Lorbeerblatt
½ TL geräuchertes Paprikapulver
6 schwarze Pfefferkörner
Rapsöl
6 Scheiben Frühstücksspeck in Scheiben

FÜR DAS RISOTTO

8 g Sepia-Tinte (1–2 Tütchen)
100 ml Weißwein
1 Schalotte
1 Knoblauchzehe
4 EL Olivenöl
250 g Risottoreis
1,1 l heißer Fischfond
1 kleiner Radicchio
40 g Butter
1–2 EL gehackte Petersilie
Salz, Pfeffer

ZUBEREITUNG

1. Die Zitrone heiß waschen, abtrocknen und in Scheiben schneiden. Den Knoblauch schälen. Den Pulpo waschen, trocken tupfen und mit Lorbeerblatt, Zitronenscheiben, Paprikapulver, Knoblauch und Pfefferkörnern in einem Vakuumbeutel vakuumieren oder in einen Ziplock-Beutel geben. Im Wasserbad bei **80 °C 6 Stunden** garen.

2. Für das Risotto die Sepia-Tinte in Weißwein auflösen. Schalotten und Knoblauch schälen und fein würfeln. Das Olivenöl in einem Topf erhitzen, Schalotte und Knoblauch darin glasig dünsten. Den Reis hinzufügen und ebenfalls glasig werden lassen, mit dem Weißwein-Tinten-Gemisch ablöschen und einkochen lassen. Dann nach und nach den heißen Fischfond zugießen und den Reis unter ständigem Rühren 18 Minuten garen. Radicchio waschen, putzen und klein schneiden. Kurz vor dem Ende der Garzeit Radicchio (Menge nach Belieben), Butter und Petersilie unter das Risotto mischen. Das Risotto salzen und pfeffern.

3. Den Pulpo aus dem Beutel nehmen. Den Kopf entfernen und die Tentakeln in große Stücke schneiden. Etwas Rapsöl in einer Pfanne erhitzen, Speck und die Tentakelstücke darin knusprig braten. Den Pulpo mit dem schwarzen Risotto und dem Speck anrichten.

TIPP

Nach Belieben mit Kräutern wie Basilikum verfeinern.

VEGETARISCHE GERICHTE

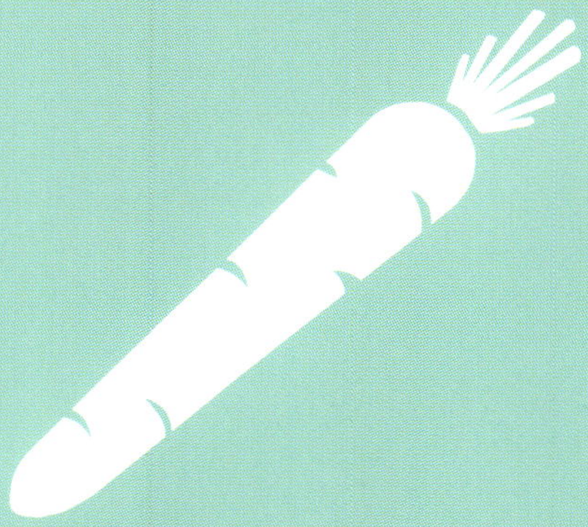

GARZEIT: 1 STD. 5 MIN.
ZUBEREITUNGSZEIT: 35 MIN.

FÜR 4 PERSONEN

PETERSILIENWURZELN

MIT GRÜNEM APFEL UND PETERSILIENÖL

ZUTATEN

12 Petersilienwurzeln (ca. 2,5 cm dick)
200 ml Gemüsebrühe
½ TL Salz
2 Streifen Schale 1 Bio-Orange
2 Streifen Schale 1 Bio-Zitrone
2 Lorbeerblätter
1 Bund glatte Petersilie
2 Handvoll Portulak (wahlweise junger Spinat)
150 ml Traubenkernöl
Salz, Pfeffer
1–2 TL Apfelessig
1 grüner Apfel (z. B. Granny Smith)
1 EL Butter
Rotweinsalz (wahlweise Fleur de Sel, nach Belieben)

ZUBEREITUNG

1. Die Petersilienwurzeln schälen und mit Gemüsebrühe, Salz, Orangenschale, Zitronenschale und Lorbeerblättern in einem Vakuumbeutel vakuumieren oder einen Ziplock-Beutel geben. Im Wasserbad bei **90 °C 2 Stunden** garen.

2. Das Bund Petersilie 1–2 Minuten mit in das Wasserbad legen, dann herausnehmen, kalt abschrecken und mit Küchenpapier trocken tupfen. Den Portulak verlesen und waschen. Die Petersilienblätter abschneiden und mit der Hälfte des Portulaks und dem Traubenkernöl fein pürieren. Mit Salz, Pfeffer und Apfelessig würzen.

3. Den Apfel waschen, entkernen und in feine Streifen schneiden. Die Petersilienwurzeln aus dem Beutel nehmen und trocken tupfen. Die Butter in einer Pfanne erhitzen, die Petersilienwurzeln darin goldbraun anbraten. Dann auf Teller verteilen und mit Petersilienöl, Apfelstreifen, dem restlichen Portulak und nach Belieben mit etwas Rotweinsalz servieren.

TIPP

Rapsöl in einer Pfanne erhitzen, einige Scheiben Frühstücksspeck darin knusprig braten und dazu anrichten!

GARZEIT: 1 STD. 30 MIN. + 25 MIN.
ZUBEREITUNGSZEIT: 25 MIN.

FÜR 4 PERSONEN

SPARGEL

MIT GRANATAPFEL UND KALAMANSI-HOLLANDAISE

ZUTATEN

20 ml Weißweinessig
180 g + 2 EL Butter
4 Eigelb (Größe M, 90 g)
40 ml Kalamansisaft (Internetshop, wahlweise Limettensaft)
1–2 TL Honig
Salz
etwas Zucker
½ Granatapfel
1,6 kg weißer Spargel (20–24 Stangen)
4 Stängel Basilikum

ZUBEREITUNG

1. Für die Hollandaise Weißweinessig, 180 g Butter, Eigelbe, 50 ml Wasser, Kalamansisaft oder Limettensaft, Honig und 1 TL Salz in einem Vakuumbeutel vakuumieren oder in einen Ziplock-Beutel geben. Im Wasserbad bei **63 °C 1 Stunde 30 Minuten** garen.

Die Kerne aus dem Granatapfel lösen und beiseitestellen. Den Spargel waschen und von den holzigen Enden befreien. Die Stangen schälen und mit 2 EL Butter, 200 ml Wasser, Salz und etwas Zucker in einem oder zwei Vakuumbeuteln vakuumieren oder in einen Ziplock-Beutel geben. Im Wasserbad bei 85 °C 25 Minuten garen. Das Basilikum waschen, trocken schütteln und die Blätter abzupfen.

2. Die Hollandaise aus dem Beutel in einen hohen Rührbecher geben und mit einem Stabmixer 1 Minute cremig aufmixen. Den Spargel mit der Soße anrichten. Mit Granatapfelkernen und Basilikumblättern bestreut servieren.

TIPP

Nach Belieben den Spargel trocken tupfen und rundum in etwas Butter anbraten. Als vegetarischen Hauptgang oder zu Kalbfleisch, Geflügel, Fisch und Meeresfrüchten als Beilage servieren.

GARZEIT: 35 MIN.
ZUBEREITUNGSZEIT: 20 MIN.

FÜR 4 PERSONEN

MÖHREN

MIT ORANGEN-HONIG-BUTTER UND KNUSPERPARMESAN

ZUTATEN

800 g Möhren mit Grün (ca. 1,5 cm dick)
3 Zweige Thymian
100 ml Orangensaft
80 g Butter
1 Sternanis
1 EL Honig
Salz
1 Msp. Vanillemark (nach Belieben)
100 g Parmesan

ZUBEREITUNG

1. Die Möhren waschen, putzen, schälen und das Grün bis auf 2 cm kürzen. Den Thymian waschen und trocken schütteln. Die Möhren mit Orangensaft, Butter, Sternanis, Honig, Thymian, etwas Salz und nach Belieben mit Vanillemark in einem Vakuumbeutel vakuumieren oder in einen Ziplock-Beutel geben. Im Wasserbad bei **85 °C 35 Minuten** garen.

2. Den Parmesan fein reiben und jeweils die Hälfte dünn in eine große beschichtete Pfanne streuen. Den Käse schmelzen lassen, bis er an der Unterseite gebräunt ist. Die Pfanne in ein kaltes Wasserbad stellen. Die Parmesanscheibe herausnehmen, abkühlen lassen und in grobe Stücke brechen.

3. Die Möhren mit dem Sud in eine Pfanne geben. Alles offen einkochen lassen, bis die Möhren glasiert sind. Sternanis und Thymian entfernen.

TIPP

Nach Belieben mit frischen Kräutern oder essbaren Blüten bestreut servieren.

GARZEIT: 45 MIN.
ZUBEREITUNGSZEIT: 30 MIN.

FÜR 4 PERSONEN

EIER-FLAN

AUF BLINIS

ZUTATEN

FÜR DIE FLANS
8 Eier (Größe M)
1 EL Olivenöl
1 EL geriebener Bergkäse
etwas frisch geriebene Muskatnuss
Salz, Pfeffer

FÜR DIE BLINIS
1 Päckchen Trockenhefe (7 g)
Zucker
75 g Buchweizenmehl
250 g Mehl (Type 405)
250 ml lauwarme Milch
3 EL Butter
3 EL saure Sahne
1 Eigelb
¼ TL Salz

AUSSERDEM
Öl zum Braten

ZUBEREITUNG

1. Für die Flans die Eier in einer Schüssel verquirlen. Olivenöl, geriebenen Bergkäse und Muskat unterrühren, alles leicht salzen und pfeffern. Die Masse in 4 kleine Einmachgläschen mit Deckel füllen und die Gläser verschließen. Im Wasserbad bei **72 °C 45 Minuten** garen. Die Gläschen herausnehmen und die Flans stürzen.

2. Für die Blinis die Hefe in 125 ml lauwarmem Wasser in einer Schüssel auflösen, 1 Prise Zucker hinzufügen. Beide Mehlsorten mischen. Nach und nach mit der Milch unter das Hefegemisch rühren, bis ein glatter Teig entsteht. Den Teig abgedeckt an einem warmen Ort 30 Minuten gehen lassen.

3. Die Butter zerlassen, lauwarm abkühlen lassen und mit saurer Sahne, Eigelb und Salz glatt rühren. Die Mischung mit dem Hefeteig vermengen. Aus dem Teig 15–20 Blinis (ca. 8 cm Durchmesser) backen. Dafür das Öl in einer Pfanne erhitzen, den Teig esslöffelweise hineingeben und von beiden Seiten etwa 2 Minuten backen. Die Blinis herausnehmen und anrichten, die Eier-Flans vorsichtig daraufsetzen.

TIPP

Dazu passt ein Topping aus kross gebratenem Frühstücksspeck, gekochtem Schinken oder frischen Kräutern.

GARZEIT: 2 STD.
ZUBEREITUNGSZEIT: 30 MIN.

FÜR 4 PERSONEN

GEDÄMPFTER BULGUR

MIT ROTE-BETE-KUGELN, ZIEGENKÄSE UND APRIKOSEN

ZUTATEN

FÜR DIE ROTE-BETE-KUGELN

300 g Rote Bete
1 TL Puderzucker
2 EL Aceto balsamico bianco
4 EL Rote-Bete-Saft
1 Knoblauchzehe
1 Zweig Rosmarin
1 Zweig Thymian

FÜR DEN BULGUR

150 g Bulgur
1 Msp Kardamompulver
1 Msp Zimtpulver
2 Streifen Schale 1 Bio-Orange
1 Handvoll Baby-Spinat
Salz, Pfeffer
20 g Butter

AUSSERDEM

6 getrocknete Aprikosen
3 EL Orangensaft
1 TL Honig
etwas Butter
150 g Ziegenkäse (in 2 cm dicken Scheiben)
etwas gehackte Petersilie

ZUBEREITUNG

1. Die Rote Bete schälen und mit einem Ausstecher kleine Kugeln ausstechen. Die Kugeln mit Puderzucker, Essig und Rote-Bete-Saft verrühren. Den Knoblauch schälen. Rosmarin und Thymian waschen und trocken schütteln. Die Rote-Bete-Kugeln mit Rosmarin, Thymian und Knoblauch in einem Vakuumbeutel vakuumieren oder in einen Ziplock-Beutel geben. Im Wasserbad bei **90 °C 2 Stunden** garen.

2. Für den Bulgur einen Dämpfeinsatz mit einem Passiertuch oder einem sauberen Baumwolltuch auslegen. Den Bulgur mit dem Kardamom- und dem Zimtpulver vermischen und mit der Orangenschale auf das Tuch legen und über kochendem Wasser 15–20 Minuten dämpfen. Die Orangenschale entfernen. Die Butter unter den Bulgur rühren. Den Bulgur salzen und pfeffern. Den Baby-Spinat verlesen, waschen und roh untermischen.

3. Die getrockneten Aprikosen zerkleinern, mit Orangensaft und Honig aufkochen und etwas einkochen lassen. Kurz vor dem Servieren etwas Butter in einer Pfanne zerlassen, die Ziegenkäsescheiben darin kurz anbraten und die Petersilie untermischen. Den Bulgur mit den Rote-Bete-Kugeln und dem Ziegenkäse anrichten, mit den warmen Aprikosen überziehen.

GARZEIT: 30 MIN.
ZUBEREITUNGSZEIT: 5 MIN.

FÜR 4 PERSONEN

BUNTE TOMATENSOSSE

MIT LEICHTEM TRÜFFELAROMA

ZUTATEN

2 Stängel Koriandergrün
1 Bund Basilikum
2 Zweige Zitronenthymian
1 Schalotte
2 Knoblauchzehen
800 g bunte Cocktailtomaten
100 ml Olivenöl
1–2 TL Trüffelöl
1 EL Zucker
2 TL Meersalz
½ TL schwarzer Pfeffer
Basilikumblättchen zum Bestreuen

ZUBEREITUNG

1. Die Kräuter waschen und trocken schütteln, die Blättchen abzupfen und fein hacken. Die Schalotte und den Knoblauch schälen und fein hacken. Die Tomaten waschen und mit Kräutern, Schalotte, Knoblauch, Oliven- und Trüffelöl, Zucker, Meersalz und Pfeffer in einem Vakuumbeutel vakuumieren oder in einen Ziplock-Beutel geben. Die Tomaten im Wasserbad bei **80 °C 30 Minuten** garen.

2. Die Tomaten aus dem Beutel nehmen und mit einer Gabel leicht zerdrücken. Die Basilikumblättchen waschen, grob zerzupfen und zum Servieren über die Tomatensoße streuen.

SUPPEN UND EINTÖPFE

GARZEIT: 1 STD. 5 MIN.
ZUBEREITUNGSZEIT: 25 MIN.

FÜR 4 PERSONEN

BLUMENKOHL-KOKOSCREMESUPPE

MIT KRÄUTERÖL UND BRÖSELSCHMELZE

ZUTATEN

FÜR DIE SUPPE
600 g Blumenkohl
1 kleine Zwiebel
1 EL Butter
600 ml Gemüsebrühe
300 g Kokosmilch (aus der Dose)
Salz, Pfeffer
etwas frisch geriebene Muskatnuss
½ TL abgeriebene Schale 1 Bio-Zitrone

FÜR DAS KRÄUTERÖL
80 g gemischte Kräuter (z. B. Petersilie, Kerbel, Koriander, Basilikum)
75 ml Traubenkernöl
Salz, Pfeffer

AUSSERDEM
2 EL Butter
2 EL Semmelbrösel
4 Eier (Größe L)
2 EL Schnittlauchröllchen

ZUBEREITUNG

1. Für die Suppe den Blumenkohl waschen, putzen und in kleine Röschen teilen. Die Zwiebel schälen und in feine Würfel schneiden. 1 EL Butter in einem großen Topf erhitzen, die Zwiebelwürfel darin 2–3 Minuten andünsten. Die Zwiebelwürfel mit den Blumenkohlröschen, Gemüsebrühe und Kokosmilch in einem Vakuumbeutel vakuumieren oder in einen Ziplock-Beutel geben. Im Wasserbad bei **75 °C 1 Stunde** garen.

2. Die gemischten Kräuter waschen, trocken schütteln, die Blättchen abzupfen und mit dem Traubenkernöl fein pürieren. Das Kräuteröl mit Salz und Pfeffer würzen. 2 EL Butter in einer Pfanne zerlassen, die Semmelbrösel darin goldbraun rösten und beiseitestellen. Etwa 18 Minuten vor dem Ende der Garzeit die Eier im Wasserbad wachsweich mitkochen.

3. Die Suppe aus dem Beutel in einen Standmixer geben, mit Salz, Pfeffer, Muskat und Zitronenschale würzen und schaumig aufmixen. Die Eier kalt abschrecken und vorsichtig pellen. Jeweils 1 Ei in die Suppenteller geben, die Suppe rundherum verteilen. Kräuteröl und Semmelbrösel daraufgeben. Mit Schnittlauchröllchen betreut servieren.

GARZEIT: 1 STD. + 4 STD.
ZUBEREITUNGSZEIT: 25 MIN.

FÜR 4 PERSONEN

HÜHNERSUPPE

MIT EIERSTICH

ZUTATEN

FÜR DEN EIERSTICH
4 Eier (Größe L)
60 g Sahne
60 g Milch
1 Msp. Muskatblüte
½ TL Salz

FÜR DIE BRÜHE
1 kg Hühnerklein (Karkasse)
4 Hühnerunterkeulen
2 Bund Suppengrün
1 Zweig Thymian
1 Zweig Rosmarin
2 Stängel Liebstöckel
6 schwarze Pfefferkörner
1 EL Salz
5 getrocknete Shiitake
Pfeffer

FÜR DIE EINLAGE
2 Möhren
200 g Knollensellerie
50 g Butter
1 Bund Petersilie

ZUBEREITUNG

1. Am Vortag die Eier mit Sahne, Milch, Muskat und 1 TL Salz verschlagen. Die Masse in einem Vakuumbeutel vakuumieren oder in einen Ziplock-Beuel geben. Im Wasserbad bei **75 °C 1 Stunde** stocken lassen. Den Eierstich im Beutel abkühlen lassen und am nächsten Tag in Würfel schneiden.

2. Für die Hühnerbrühe Hühnerklein und Unterkeulen waschen und trocken tupfen. Das Suppengrün waschen und putzen. Die Kräuter waschen und trocken schütteln. Alles mit Pfefferkörnern, Salz, Shiitake und 2 l Wasser auf zwei Vakuumbeutel oder Ziplock-Beutel verteilen. Im Wasserbad bei **85 °C 6 Stunden** garen.

3. Inzwischen die Möhren und den Sellerie putzen, schälen und in etwa 0,5 cm große Würfel schneiden. Beides mit der Butter in einem Vakuumbeutel akuumieren oder in einen Ziplock-Beutel geben. Im Wasserbad 1 Stunde vor dem Ende der Garzeit der Brühe mitgaren.

4. Die Brühe durch ein feines Sieb gießen, salzen und pfeffern. Die Haut entfernen und das Fleisch von den Knochen lösen und klein schneiden. Die Petersilie waschen und fein hacken. Das separat gegarte Gemüse, Fleisch und Eierstich in die heiße Brühe geben. Die Suppe mit Petersilie bestreuen.

GARZEIT: 25 MIN.
ZUBEREITUNGSZEIT: 25 MIN.

FÜR 4 PERSONEN

BOUILLABAISSE

MIT ROUILLE

ZUTATEN

FÜR DIE SUPPE

2 Schalotten
2 Knoblauchzehen
3 EL Olivenöl
200 ml trockener Weißwein
100 ml Wermut (z. B. Noilly Prat, wahlweise trockener Martini)
1 l Fischfond
0,1 g Safranfäden
2 Sternanise
1 TL Tomatenmark
½ TL Paprikapulver
½ TL Currypulver
½ Bund Thymian
1 Fenchelknolle
2 Tomaten
100 g Champignons
4 Langostinos (wahlweise Riesengarnelen)
400–500 g Fischfilets (z. B. Wolfsbarsch, Dorade, Rotbarbe oder Seeteufel)
4 Jakobsmuscheln
Salz Pfeffer
½ TL abgeriebene Schale 1 Bio-Zitrone

FÜR DIE ROUILLE

1 TL Fenchelsamen
2 Zehen konfierter Knoblauch (siehe S. 174)
3 EL Mayonnaise
1 Msp. gemahlener Safran
etwas Zitronensaft
Salz, Pfeffer

ZUBEREITUNG

1. Für die Bouillabaisse Schalotten und Knoblauch schälen und fein hacken. Olivenöl in einem Topf erhitzen und beides darin glasig dünsten, mit Weißwein und Wermut ablöschen. Fischfond, Safran, Sternanise, Tomatenmark, Paprika-, Currypulver und Thymian zugeben, alles aufkochen und bei niedriger Hitze 5 Minuten köcheln lassen.

2. Das Gemüse waschen und putzen. Fenchel und Champignons in feine Scheiben und die Tomaten in kleine Würfel schneiden. Fisch und Meresfrüchte waschen und trocken tupfen. Die Fischfilets in mundgerechte Stücke schneiden.

3. Alles in einem Vakuumbeutel vakuumieren oder in einen Ziplock-Beutel geben. Mit etwas Salz, Pfeffer und Zitronenschale würzen. Im Wasserbad bei **65 °C 25 Minuten** garen. Thymian und Sternanise entfernen.

4. Für die Rouille die Fenchelsamen in einer Pfanne ohne Fett anrösten, dann im Mörser fein zerreiben. Konfierten Knoblauch zugeben und fein zerreiben. Mayonnaise, Safran und etwas Zitronensaft unterrühren. Mit Salz und Pfeffer würzen, auf tiefe Teller verteilen und genießen.

TIPP

Die Bouillabaisse mit geröstetem oder frischem Weißbrot servieren.

GARZEIT: 1-2 STD.
ZUBEREITUNGSZEIT: 30 MIN.

FÜR 4 PERSONEN

PHO

MIT SCHWEINEFILET, GARNELEN UND LIMETTENSALZ

ZUTATEN

20 g frischer Ingwer
1 rote Zwiebel
16 kleine Garnelen, geschält
200 g Schweinefilet
1 kleine rote Chilischote
1 l Geflügelbrühe
4–6 EL Fischsoße
1 Bund Frühlingszwiebeln
2 Sternanise
1 Zimtstange
Salz, Pfeffer
100 g Shiitake (wahlweise Buchenpilze)
1 Handvoll Mungobohnensprossen
1 kleines Bund Thai-Basilikum
1 kleines Bund Minze
1 kleines Bund Koriandergrün
Saft von 1 Limette

FÜR DAS LIMETTENSALZ
1 EL Meersalz
1 TL abgeriebene Schale 1 Bio-Limette

ZUBEREITUNG

1. Ingwer und Zwiebel schälen und in feine Streifen schneiden, beides in einer Pfanne ohne Fett kurz anrösten. Die Garnelen waschen und entdarmen. Das Schweinefilet von Fett und Sehnen befreien und in 0,5 cm dicke Scheiben schneiden. Chilischote putzen, waschen und ohne Samen in feine Ringe schneiden. Die Geflügelbrühe mit der Fischsoße abschmecken. Die Frühlingszwiebeln waschen, putzen und in 2 cm große Stücke schneiden. Die vorbereiteten Zutaten mit Sternanis, Zimtstange, Salz und Pfeffer in einem Vakuumbeutel vakuumieren oder in einen Ziplock-Beutel geben. Im Wasserbad bei **56 °C 30 Minuten** garen.

2. Inzwischen für das Limettensalz Meersalz und Limettenschale im Mörser zerreiben. Shiitake je nach Größe halbieren oder vierteln. Die Sprossen waschen und abtropfen lassen. Die Kräuter waschen und trocken schütteln, die Blättchen abzupfen und fein hacken.

3. Zum Servieren Zimtstange und Sternanise entfernen. Pilze und Sprossen unter die Suppe mischen. Die Suppe mit Limettensaft abschmecken, auf Schälchen verteilen, mit Limettensalz und Kräutern bestreut servieren.

GARZEIT: 20 MIN.
ZUBEREITUNGSZEIT: 20 MIN.

FÜR 4 PERSONEN

VEGETARISCHE LAKSA

MIT SOUS-VIDE-KÜRBIS

ZUTATEN

400 g Kürbis (z. B. Hokkaido oder Butternuss)
Salz, Pfeffer
1 TL Butter
30 g geriebener frischer Ingwer
2 TL Butterschmalz

FÜR DIE SUPPE

2 Stängel Zitronegras
3 EL Erdnussöl
60 g gelbe Currypaste
500 ml Geflügelbrühe
400 g Kokosmilch (aus der Dose)
100 g Reisnudeln
100 g Shiitake
120 g Seidentofu
1 Handvoll Baby-Spinat
1 kleines Bund Koriandergrün
1 EL Sojasoße
Saft und Schale von 1 Bio-Limette

AUSSERDEM

2 EL Röstzwiebel (Fertigprodukt)

ZUBEREITUNG

1. Den Kürbis von den Fasern befreien, in 1 cm große Stücke schneiden (Butternusskürbis vorher schälen), salzen und pfeffern. Mit 1 TL Butter und Ingwer in einem Vakuumbeutel vakuumieren oder in einen Ziplock-Beutel geben. Im Wasserbad bei **80 °C 40 Minuten** garen.

2. Für die Suppe das Zitronengras von den äußeren Blättern befreien, mit einem schweren Messer platt klopfen und in Stücke schneiden. Erdnussöl in einem Topf erhitzen, Currypaste und Zitronengras darin kurz andünsten. Geflügelbrühe und Kokosmilch dazugießen, aufkochen und zugedeckt bei niedriger Hitze 10 Minuten köcheln lassen.

3. Die Reisnudeln nach Packungsangabe garen. Shiitake in mundgerechte Stücke schneiden. Den Seidentofu in mundgerechte Würfel schneiden. Den Spinat verlesen, waschen und abtropfen lassen. Koriandergrün waschen, trocken schütteln und die Blättchen grob hacken.

4. Die Suppe durch ein Sieb in einen Topf gießen, mit Sojasoße, Limettensaft und -schale abschmecken und aufkochen. Den Kürbis aus dem Beutel nehmen. Das Butterschmalz in einer Pfanne erhitzen, den Kürbis darin kurz anbraten.

5. Spinat, Seidentofu und Shiitake auf Schüsseln verteilen, mit der heißen Suppe auffüllen und 1 Minute ziehen lassen. Dann die Nudeln hinzufügen und den Kürbis daraufgeben. Mit Koriandergrün und Röstzwiebeln bestreut servieren.

EINGELEGTES & MEHR

GARZEIT: 45 MIN.
RUHEZEIT: 2 TAGE
ZUBEREITUNGSZEIT: 25 MIN.

FÜR 4 GLÄSER À 300 ML

EINGELEGTE SALZZITRONEN

ZUTATEN

6 Bio-Zitronen
1 Zimtstange
1 Vanilleschote
1 frische rote Peperoni
400 ml Orangensaft
250 ml Zitronensaft
2 EL Meersalz
3 EL Rohrzucker
4 Kardamomkapseln
4 Sternanise
1 TL Currypulver
4 Kaffir-Limettenblätter (frisch oder TK)

ZUBEREITUNG

1. Die Zitronen heiß waschen und abtrocknen, die beiden Enden abschneiden und Zitronen achteln. Die Zitronenachtel auf 4 sterilisierte Gläser verteilen und hineindrücken. Zimtstange und Vanilleschote jeweils in vier Teile schneiden. Die Peperoni putzen, waschen und vierteln.

2. Orangensaft und Zitronensaft in einem Topf mischen, mit Zimtstange, Vanilleschote, Peperoni, Meersalz, Rohrzucker, Kardamomkapseln, Sternanisen, Currypulver und Kaffir-Limettenblättern aufkochen. Die Mischung gleichmäßig über die Zitronen verteilen und die Gläser fest verschließen oder in einem Vakuumbeutel vakuumieren. Die Zitronen im Wasserbad bei **90 °C 45 Minuten** garen. (Die Gläser am besten mit einem Stein oder Mörser beschweren, wenn sie an die Oberfläche steigen.)

3. Die Gläser abkühlen lassen und die eingelegten Zitronen mindestens 2 Tage im Kühlschrank ziehen lassen.

TIPP

Die Zitronen mit dem Sud hacken. Sie passen hervorragend zu Fleisch, Fisch und Grillgerichten.

GARZEIT: 30 MIN.
ZUBEREITUNGSZEIT: 25 MIN.

FÜR 4 GLÄSER À 300 ML

RHABARBER-VANILLE-KOMPOTT

ZUTATEN

700 g Rhabarber
20 g Pektinpulver
200 g Zucker
3 g Salz
Mark 1 Vanilleschote
60 ml Grenadinesirup
400 ml Rhabarbersaft

ZUBEREITUNG

1. Den Rhabarber waschen, putzen, nach Belieben schälen oder ungeschält in etwa 0,5 cm dicke Stücke schneiden. Pektinpulver mit Zucker, Salz und Vanillemark mischen und mit Rhabarber, Grenadinesirup und Rhabarbersaft (oder 400 ml Wasser) vermengen und 20 Minuten ziehen lassen.

2. Den Rhabarber mit dem Saft auf 4 sterilisierte Gläser verteilen und die Gläser fest verschließen. Das Kompott im Wasserbad bei **90 °C 30 Minuten** garen. (Die Gläser mit einem Stein oder Mörser beschweren, wenn sie an die Oberfläche steigen.) Die Gläser herausnehmen und abkühlen lassen. Dann das Kompott mehrere Stunden kühl stellen.

GARZEIT: 1 STD. 30 MIN.
ZUBEREITUNGSZEIT: 2 MIN.

FÜR 4 PERSONEN

SAUCE HOLLANDAISE

ZUTATEN

1–2 Schalotten
60 ml Weißweinessig
220 g Butter
6 Eigelb (Größe L)
1½ EL Zitronensaft
1½ TL Salz
¼ TL Cayennepfeffer

ZUBEREITUNG

1. Die Schalotten schälen und fein hacken. Schalotten und Essig in einem Topf aufkochen, dann offen um die Hälfte einkochen lassen. Danach die Schalotten durch ein Sieb passieren und mit Butter, Eigelben, 100 ml Wasser, Zitronensaft, Salz und Cayennepfeffer in einem Vakuumbeutel vakuumieren oder in einen Ziplock-Beutel geben. Im Wasserbad bei **63 °C 1 Stunde 30 Minuten** garen.

2. Die Hollandaise aus dem Beutel in einen hohen Rührbecher geben und mit einem Stabmixer 1 Minute cremig aufmixen.

TIPP

Als Variante zur Sauce hollandaise können am Schluss noch 2 EL BBQ-Soße hinzugefügt und mit aufgemixt werden. Für Sauce béarnaise 1 EL gehackten Estragon oder gemischte Kräuter unter die Soße rühren.

GARZEIT: 30 MIN.
ZUBEREITUNGSZEIT: 10 MIN.

FÜR 1 FLASCHE (1 L INHALT)

CHAI-EIERLIKÖR

ZUTATEN

1 Vanilleschote
8 frische Bio-Eigelb
250 g Puderzucker
700 g Sahne
350 ml weißer Rum (wahlweise brauner Rum)
Salz
1 Bio-Orange
2 kleine Scheiben frischer Ingwer
3 Kardamomkapseln

ZUBEREITUNG

1. Die Vanilleschote längs aufschneiden und das Mark mit einem Messer herauskratzen. Die Eigelbe mit dem Puderzucker und dem Vanillemark mit einem Handrührgerät schaumig aufschlagen. Sahne, Rum und 1 Prise Salz hinzufügen und unterschlagen.

2. Die Orange heiß waschen und abtrocknen, die Schale in 2 cm großen Zesten abschneiden. Die Orangenschale mit Ingwer, Kardamomkapseln und der ausgekratzten Vanilleschote in einen Vakuumbeutel oder einen Ziplock-Beutel geben und mit der Eigelbmasse auffüllen.

3. Den Beutel vakuumieren und die Masse im Wasserbad bei **67 °C 30 Minuten** garen. Danach den Eierlikör durch ein Sieb passieren und in eine sterilisierte Flasche füllen und abkühlen lassen.

GARZEIT: 24 STD. + 15 MIN.
ZUBEREITUNGSZEIT: 15 MIN.

FÜR 4 SCHRAUBGLÄSER À 250–300 ML

HOMEMADE-JOGHURT

MIT GRANOLA UND ERDBEEREN

ZUTATEN

1 l Bio-Vollmilch
3 EL Naturjoghurt (wahlweise Milchsäurebakterien)
200 g kleine Erdbeeren
Müsli-Granola (Fertigprodukt)

ZUBEREITUNG

1. Die Milch in einen Topf gießen und auf 82 °C (Küchenthermometer verwenden) erhitzen. Den Topf in ein kaltes Wasserbad stellen und die Milch auf 43 °C abkühlen lassen.

Den Joghurt (oder die Milchsäurebakterien) unter die Milch rühren und die Mischung auf 4 sterilisierte Gläser verteilen. Die Gläser fest verschließen und bei **43 °C für 8–24 Stunden** in das Wasserbad stellen. Je länger, desto fester und desto saurer wird der Joghurt. (Die Gläser mit einem Stein oder Mörser beschweren, wenn sie an die Oberfläche steigen.)

2. Die Erdbeeren waschen, putzen und im Ganzen in einem Vakuumbeutel vakuumieren oder in einen Ziplock-Beutel geben. Im Wasserbad bei **65 °C 15 Minuten** garen. Zum Servieren aus dem Beutel nehmen. Dann Granola, Joghurt und Erdbeeren schichtweise in Gläser füllen.

GARZEIT: 30 MIN.
ZUBEREITUNGSZEIT: 5 MIN.

FÜR 4 PERSONEN

VANILLESOSSE SOUS-VIDE

ZUTATEN

1 Vanilleschote
250 ml Milch
250 g Sahne
7 Eigelb (Größe M)
140 g Puderzucker

ZUBEREITUNG

1. Die Vanilleschote längs aufschneiden und das Mark mit einem Messer herauskratzen. Mit Milch, Sahne, Eigelben und Puderzucker mit einem Schneebesen verquirlen. Die Mischung in einem Vakuumbeutel vakuumieren oder in einen Ziplock-Beutel geben. Im Wasserbad bei **80 °C 30 Minuten** garen. Den Beutel herausnehmen, die Soße im Beutel abkühlen lassen und zwischendurch etwas durchkneten.

TIPP

Wer möchte, gibt noch 2 Kardamomkapseln, 1 Zimtstange, 1 Sternanis und 1 Stück Schale von 1 Bio-Zitrone in den Beutel. Die Gewürze dann vor dem Servieren entfernen.

GARZEIT: 12 STD.
ZUBEREITUNGSZEIT: 5 MIN.

FÜR 4 DOSEN À 350 ML

DULCE DE LECHE

ZUTATEN

4 Dosen gesüßte Kondensmilch (z. B. von »Milchmädchen«)

ZUBEREITUNG

1. Die Banderolen der Dosen entfernen. Die Dosen ins Wasserbad stellen und die Kondensmilch bei **85 °C 12 Stunden** garen. Danach vollständig abkühlen lassen. Die Dosen halten sich im Kühlschrank 2 Wochen. Dulce de Leche zum Süßen von Kaffee oder für Desserts verwenden.

TIPP

Sie können die Kondensmilch auch aus der Dose in ein sterilisiertes Weckglas füllen und darin garen; dann ist sie genauso haltbar und fertig zum Verschenken.

GARZEIT: 1 STD.
ZUBEREITUNGSZEIT: 20 MIN.

FÜR 2 SCHRAUBGLÄSER À 300 ML

KONFIERTE KNOBLAUCHZEHEN

IM GLAS

ZUTATEN

250 g Knoblauchzehen
2 Zweige Rosmarin
2 Zweige Thymian
2 Lorbeerblätter
350 ml Olivenöl

ZUBEREITUNG

1. Die Knoblauchzehen schälen und von eventuellen dunklen Stellen befreien. Rosmarin und Thymian waschen und trocken schütteln. Den Knoblauch mit den Lorbeerblättern, dem Olivenöl und den Kräutern in einem Vakuumbeutel vakuumieren oder in einen Ziplock-Beutel geben. Im Wasserbad bei **90 °C 2 Stunden** garen. (Die Gläser mit einem Stein oder Mörser beschweren, wenn sie an die Oberfläche steigen.)

2. Die weichen Knoblauchzehen in sterilisierte Gläser geben und mit dem Olivenöl aus dem Beutel bedecken. Die Gläser fest verschließen. So halten sie sich etwa 6 Monate.

TIPP

Die Knoblauchzehen kann man aufs Brot streichen oder unter den Salat mischen – sie sind weich und mild im Geschmack. Das Öl kann zum Kochen verwendet werden.

GARZEIT: 4 STD.
ZUBEREITUNGSZEIT: 15 MIN.

FÜR 1 FLASCHE À 700 ML

HIBISKUS-GRANATAPFEL-HIMBEERSIRUP

IM GLAS

ZUTATEN

1 Bio-Zitrone
400 g Zucker
½ Granatapfel
1 Vanilleschote
50 g getrocknete Hibiskusblüten
100 g Himbeeren

ZUBEREITUNG

1. Die Zitrone heiß waschen und abtrocknen, 1 TL Schale fein abreiben und den Saft auspressen. Den Zucker mit 500 ml Wasser und der Zitronenschale in einem Topf erhitzen, bis der Zucker gelöst ist. Die Zuckerlösung durch ein Sieb gießen und auffangen.

2. Die Granatapfelkerne herauslösen. Die Vanilleschote längs einritzen und mit den Hibiskusblüten, den Granatapfelkernen, der Zuckerlösung und den Himbeeren in einem Vakuumbeutel vakuumieren oder in einen Ziplock-Beutel geben. Im Wasserbad bei **55 °C 4 Stunden** garen. Den Himbeersirup anschließend durch ein Sieb gießen, mit Zitronensaft abschmecken und in eine sterilisierte Flasche füllen.

TIPP

Schmeckt mit eisgekühltem Mineralwasser, auch in Cocktails oder mit Schaumwein.

DESSERTS

GARZEIT: 8 MIN.
ZUBEREITUNGSZEIT: 1 STD.

FÜR 4 PERSONEN

GEDÄMPFTE SCHOKOLADENRAVIOLI

MIT LEMON CURD UND AMARETTINI

ZUTATEN

FÜR DIE RAVIOLI
50 g Kakaopulver
20 g Puderzucker
3–4 Eier (Größe L, 170 g)
200 g Mehl (Type 405)
80 g Hartweizengrieß
1 Ei zum Bestreichen
Butter für den Dämpfeinsatz
1 EL Butter
1 EL Zucker

FÜR DIE FÜLLUNG
4 Eigelb (Größe M)
2 Eier (Größe M)
20 g Speisestärke
125 g Zucker
100 ml Limettensaft
110 g weiche Butter

AUSSERDEM
20 g Honig
300 ml Milch
50 g Amarettini
125 g Himbeeren (wahlweise Beeren nach Geschmack)

ZUBEREITUNG

1. Kakaopulver, Puderzucker und Eier in einem Rührbecher durchmixen. Dann mit Mehl und Grieß zu einem Nudelteig verarbeiten und etwa 20 Minuten ruhen lassen.

2. Für die Füllung die Eigelbe mit Eiern, Speisestärke, 125 g Zucker und Limettensaft in einem Topf unter ständigem Rühren aufkochen, bis eine dicke Creme entsteht. Die Creme auf Zimmertemperatur abkühlen lassen. Dann 110 g Butter mit einem Schneebesen unterschlagen. Die Creme kühl stellen.

3. Für die Ravioli den Teig in einer Nudelmaschine zu dünnen Platten ausrollen (1–1,5 mm). In genügend großen Abständen 1 TL Füllung daraufgeben. Das Ei verquirlen. Die Ränder damit bestreichen und zuklappen. Mit einer Tasse, einem Glas oder einem Ravioliausstecher Ravioli ausstechen. Einen Dämpfeinsatz mit Butter einfetten. Die Ravioli nebeneinander hineingeben und zugedeckt über kochendem Wasser **6–8 Minuten** dämpfen. Dann herausnehmen, in einer Pfanne mit 1 EL Butter und 1 EL Zucker schwenken.

4. Honig und Milch in einem Topf auf 70 °C erwärmen (Küchenthermometer verwenden) und mit einem Stabmixer oder Milchschäumer aufmixen. Die Amarettini grob zerbröseln. Die Himbeeren verlesen. Ravioli auf Teller verteilen und mit dem Milch-Honig-Schaum übergießen. Mit Amarettinibröseln bestreuen und mit Himbeeren servieren.

GARZEIT: 20 MIN. + 45 MIN.
KÜHLZEIT: ÜBER NACHT
ZUBEREITUNGSZEIT: 30 MIN.

FÜR 4 PERSONEN

MARINIERTE FRÜCHTE

MIT SAFRANMILCHREIS UND ZIMTSCHAUM

ZUTATEN

4 Aprikosen
4 rote Pflaumen
1 Vanilleschote
2 EL Johannisbeergelee
2 EL Ahornsirup
120 ml Apfelsaft
2 EL Orangenlikör (z. B. Grand Marnier, nach Belieben)

FÜR DEN MILCHREIS

250 g Milchreis (Rundkornreis)
1 l Milch
1 Msp. gemahlener Safran
Mark 1 Vanilleschote
40 g brauner Zucker

FÜR DEN ZIMTSCHAUM

100 ml Milch
1 Zimtstange
2 Kardamomkapseln
etwas Zimtpulver

ZUBEREITUNG

1. Die Aprikosen und Pflaumen waschen, halbieren und entsteinen. Die Vanilleschote längs halbieren. Die Früchte mit Vanilleschote, Johannisbeergelee, Ahornsirup, Apfelsaft und Likör in einem Vakuumbeutel vakuumieren oder in einen Ziplock-Beutel geben. Im Wasserbad bei **75 °C 20 Minuten** garen. Die Früchte im Beutel über Nacht im Kühlschrank abkühlen lassen.

2. Für den Milchreis den Reis mit Milch, Safran, Vanillemark und braunem Zucker in einen Topf geben und bis kurz unter den Siedepunkt erhitzen. Dann den Reis etwa 25 Minuten garen, dabei immer wieder umrühren. Inzwischen den Sud von den Früchten in eine Pfanne geben, erhitzen und offen etwas einkochen lassen, bis er dicklich wird.

3. Für den Zimtschaum die Milch mit Zimtstange und Kardamomkapseln in einem Topf erhitzen (nicht kochen), dann etwas abkühlen lassen. Zimtstange und Kardamomkapseln entfernen und die Milch mit einem Milchschäumer aufschäumen. Den Milchreis anrichten, die Früchte und den Sud darauf verteilen und mit dem Zimtschaum überziehen.

GARZEIT: 10 MIN.
ZUBEREITUNGSZEIT: 1 STD.

FÜR 4 PERSONEN

GEDÄMPFTE TOPFENKNÖDEL

MIT BRÖSELSCHMELZE UND MANGO

ZUTATEN

FÜR DIE KNÖDEL
350 g Magerquark
100 g Toastbrot
2½ EL weiche Butter
2 EL Puderzucker
1 Msp. Vanillemark (wahlweise Vanillinzucker)
½ TL abgeriebene Schale 1 Bio-Zitrone
Salz
1 Eigelb (Größe M)
1 Ei (Größe M)

FÜR DIE SCHMELZE
80 g Semmelbrösel
80 g Butter
2 EL Vanillinzucker

AUSSERDEM
1 reife Mango

ZUBEREITUNG

1. Für die Knödel den Quark in einem Küchentuch gut ausdrücken, sodass etwa 200 g übrig bleiben. Das Toastbrot entrinden und in einer Küchenmaschine zu Bröseln zerkleinern. Butter mit Puderzucker, Vanillemark, Zitronenschale und 1 Prise Salz cremig rühren. Dann Eigelb und Ei zugeben und unterrühren. Quark und Toastbrotbrösel zu einem glatten Teig verarbeiten und abgedeckt 30 Minuten im Kühlschrank ruhen lassen.

2. Für die Schmelze Semmelbrösel und Butter in einer Pfanne unter Rühren goldbraun rösten. Den Vanillinzucker unterrühren und die Brösel beiseitestellen. Die Mango schälen und das Fruchtfleisch vom Stein schneiden. Eine Mangohälfte in kleine Würfel schneiden, die andere Hälfte fein pürieren.

3. Einen Dämpfeinsatz mit Backpapier auslegen. Aus der Quarkmasse mit angefeuchteten Händen zwölf gleich große Knödel formen. Die Knödel nebeneinander in den Dämpfeinsatz geben und zugedeckt über kochendem Wasser **8–10 Minuten** dämpfen. Die Knödel mit Bröseln, Mangowürfeln und Mangopüree anrichten.

TIPP

Nach Belieben können Sie das Dämpfwasser mit Orangenschale, Ingwerscheiben und 1 Zimtstange aromatisieren oder auch andere Früchte verwenden, beispielsweise Drachenfrucht oder Aprikosen.

GARZEIT: 1 STD.
ZUBEREITUNGSZEIT: 25 MIN.

4 SCHRAUBWECKGLÄSER À 250 ML

SOUS-VIDE BANOFFEE PIE

MIT ERDNUSSKERNEN

ZUTATEN

FÜR DEN BODEN

50 g Butterkekse
30 g flüssige Butter
4 EL Dulce de Leche (siehe S. 172)

FÜR DIE CREME

30 g Zucker
2 g Salz
15 g Maisstärke
400 ml Milch
160 g Sahne
5 Eigelb (Größe L, 120 g)
2 EL Bananensirup (Fertigprodukt)

AUSSERDEM

100 g Sahne
1 Banane
50 g Zartbitterschokolade (mind. 70 % Kakaoanteil)
40 g Erdnusskerne

ZUBEREITUNG

1. Die Butterkekse fein zerbröseln und mit der flüssigen Butter mischen. Die Keksmasse auf dem Boden der sterilisierten Gläser verteilen und flach andrücken. Je 1 EL Dulce de Leche darauf verteilen.

2. Für die Creme 30 g Zucker, Salz und Maisstärke mischen. Mit Milch und Sahne aufkochen und bei niedriger Hitze 1–2 Minuten köcheln, danach etwas abkühlen lassen. Eigelbe mit Bananensirup glatt verrühren und die etwas abgekühlte Milch langsam unter die Eigelbmasse rühren. Die Creme durch ein Sieb passieren und in die Gläser füllen. Die Gläser fest verschließen. Den Pie im Wasserbad bei **80 °C 1 Stunde** garen. (Die Gläser mit einem Stein oder Mörser beschweren, wenn sie an die Oberfläche steigen.) Die Gläser herausnehmen und den Pie abkühlen lassen.

3. Die Sahne steif schlagen. Die Banane schälen und in feine Scheiben schneiden. Die Zartbitterschokolade raspeln oder mit einem Sparschäler in Röllchen hobeln. Die Erdnusskerne grob hacken. Zum Servieren die Sahne, Bananenscheiben, Schokoröllchen und Erdnusskerne auf der Creme verteilen.

TIPP

Auch sehr fein: Anstelle der Schokoröllchen etwas Schokoladensoße (Fertigprodukt) über die Creme geben.

GARZEIT: 1 STD.
KÜHLZEIT: 5 STD.
ZUBEREITUNGSZEIT: 15 MIN.

4 SCHRAUBWECKGLÄSER À 220 ML

VANILLECREME

MIT AHORNSIRUP UND SCHWARZEM VULKANSALZ

ZUTATEN

FÜR DIE CREME
15 g Speisestärke
75 g Zucker
400 ml Milch
160 g Sahne
Mark 1 Vanilleschote
5 Eigelb (Größe L, 120 g)

AUSSERDEM
150 g Sahne
100 g Himbeeren
4 EL Ahornsirup
schwarzes Vulkansalz (wahlweise Fleur de sel)

ZUBEREITUNG

1. Für die Creme die Speisestärke mit 25 g Zucker in einem Topf mischen, dann mit Milch, Sahne und Vanillemark verrühren und aufkochen. Eigelbe und restlichen Zucker in einer Schüssel verrühren und die Vanillemilch langsam unterrühren. Dann 15 Minuten stehen lassen, damit die Luftblasen verschwinden.

2. Die Masse durch ein Sieb gießen und bis etwa 1 cm unter dem Rand in sterilisierte Schraubweckgläser füllen. Die Gläser fest verschließen. Die Masse im Wasserbad bei **80 °C 1 Stunde** garen. (Die Gläser mit einem Stein oder Mörser beschweren, wenn sie an die Oberfläche steigen.) Die Gläser herausnehmen und 4–5 Stunden kühl stellen.

3. Die Sahne halbsteif schlagen und auf der Vanillecreme verteilen. Die Himbeeren verlesen. Die Creme mit Himbeeren, Ahornsirup und Vulkansalz als Topping servieren.

TIPP

Nach Belieben können Sie die Creme noch mit Keksbröseln bestreuen.

GARZEIT: 30 MIN.
RUHEZEIT: 4 STD.
ZUBEREITUNGSZEIT: 35 MIN.

FÜR 4 PERSONEN

APRIKOSEN

MIT VANILLESCHMAND UND KARAMELLISIERTEN FILO-TEIGBLÄTTERN

ZUTATEN

FÜR DIE APRIKOSEN
600 g Aprikosen
2 EL Zucker
Mark von 1 Vanilleschote
200 ml Beerenauslese (wahlweise Aprikosensaft)

FÜR DIE KARAMELLBLÄTTER
100 g Filo-Teig (4–5 Blätter, wahlweise Strudelteig)
50 g flüssige Butter
1 Eigelb (Größe L)
3 EL Sahne
50 g gemahlene Mandeln

FÜR DEN VANILLESCHMAND
250 g Sahne
150 g Schmand
Mark von 1 Vanilleschote
2 EL Puderzucker
½ TL abgeriebene Schale 1 Bio-Zitrone

ZUBEREITUNG

1. Die Aprikosen halbieren, entsteinen und mit dem Zucker, der Hälfte des Vanillemarks sowie 1 Vanilleschote und der Beerenauslese in einem Vakuumbeutel vakuumieren oder in einen Ziplock-Beutel geben. Im Wasserbad bei **62 °C 25–30 Minuten** garen. Im Vakuumbeutel abkühlen und 4 Stunden ziehen lassen.

2. Den Backofen auf 180 °C (Ober-/Unterhitze) vorheizen. Ein Backblech mit Backpapier auslegen. Die Teigblätter darauflegen und mit flüssiger Butter bestreichen. Eigelb mit Sahne verquirlen und den Teig damit bestreichen. Dann bis auf ein Blatt mit Mandeln bestreuen und die Teigblätter übereinanderlegen, mit dem unbestreuten Blatt abschließen. Auf dem Backpapier verteilen und im heißen Ofen (Mitte) in 5–7 Minuten goldbraun backen. Herausnehmen, etwas abkühlen lassen und in Stücke brechen.

3. Für die Creme Sahne mit Schmand, Vanillemark und Puderzucker mit dem Handrührgerät steif schlagen. Die Zitronenschale unterheben. Die Aprikosenhälften mit den Karamellblättern und der Creme servieren.

TIPP

150 g gesalzene Butter erhitzen, bis sie beginnt, nussig zu duften und sich goldbraun färbt. 50 g Milchpulver einrühren. Sobald das Milchpulver goldbraun ist, alles durch ein Sieb passieren. Die Brösel aus dem Sieb auf Küchenpapier abkühlen lassen. Das Dessert bestreuen.

GARZEIT: 25 MIN.
RUHEZEIT: 4 STD.
ZUBEREITUNGSZEIT: 45 MIN.

FÜR 4 PERSONEN

PFIRSICH

MIT NUGATSAHNE UND BAISERCRUNCH

ZUTATEN

FÜR DIE PFIRSICHE
4 Pfirsiche
50 g Zucker
1 Msp. Vanillemark
200 ml Pfirsichsaft

FÜR DIE NUGATSAHNE
280 g Sahne
120 g heller oder dunkler Nugat

AUSSERDEM
40 g Baiser (Fertigprodukt aus dem Supermarkt)

ZUBEREITUNG

1. Die Pfirsiche waschen, halbieren und entsteinen. Die Pfirsichhälften mit dem Zucker, Vanillemark und Pfirsichsaft in einem Vakuumbeutel vakuumieren oder in einen Ziplock-Beutel geben. Im Wasserbad bei **65 °C 25 Minuten** garen. Die Pfirsiche im Beutel abkühlen und etwa 4 Stunden ziehen lassen.

2. Für die Nugatsahne die Sahne erwärmen und den Nugat darin schmelzen lassen. Die Mischung im Kühlschrank abkühlen lassen und kurz vor dem Servieren mit einem Handrührgerät cremig aufschlagen. Das Baiser in grobe Stück hacken. Die Pfirsichhälften mit etwas Pfirsichfond, Nugatsahne und Baiserstückchen als Topping servieren.

TIPP

Als Topping können Sie auch gepufferten Buchweizen, gefriergetrocknete Beeren oder essbare Blüten verwenden.

GARZEIT: 1 STD. 30 MIN.
KÜHLZEIT: ÜBER NACHT + 3 STD.
ZUBEREITUNGSZEIT: 20 MIN.

4 SCHRAUBWECKGLÄSER À 200 ML

CHEESECAKE

IM GLAS MIT SCHOKOKNUSPER

ZUTATEN

FÜR DEN CHEESECAKE

300 g Doppelrahmfrischkäse
150 g Schmand
80 g Zucker
2 Päckchen Vanillinzucker
½ TL abgeriebene Schale 1 Bio-Zitrone
Salz
3 Eier (Größe L, 160 g)

FÜR DEN SCHOKOKNUSPER

40 g Zartbitterschokolade (mind. 70 % Kakaoanteil)
40 g Nugat
40 g Cornflakes (wahlweise Haferflek®)

ZUBEREITUNG

1. Für den Cheesecake den Frischkäse mit Schmand, Zucker, Vanillinzucker, Zitronenschale und 1 Prise Salz in einem Standmixer cremig pürieren. Die Eier zugeben und kurz untermixen. Die Masse in sterilisierte Weckgläser füllen und die Gläser fest verschließen. Die Frischkäsemasse im Wasserbad bei **80 °C 1 Stunde 30 Minuten** garen. (Die Gläser mit einem Stein oder Mörser beschweren, wenn sie an die Oberfläche steigen.) Nach 1 Stunde ist der Cheesecake auch schon gar, hat dann aber die Konsistenz von Pudding.

2. Für den Schokoknusper ein Backblech mit Backpapier auslegen. Zartbitterschokolade und Nugat in eine Schüssel geben und im Wasserbad bei **80 °C 5 Minuten** schmelzen lassen. Die Cornflakes unterrühren, die Masse auf das Blech streichen und im Kühlschrank in 1 Stunde fest werden lassen. Danach den Schokoknusper in grobe Stücke hacken. Den Cheesecake mit Schokoknusper bestreut servieren.

TIPP

Als Topping können Sie nach Belieben auch Keksbrösel, frische oder gefriergetrocknete Beeren, Rhabarber-Vanille-Kompott (siehe S. 166) oder Lemon Curd (siehe S. 180) verwenden.

GARZEIT: 1 STD. 20 MIN.
KÜHLZEIT: 8 STD.
ZUBEREITUNGSZEIT: 25 MIN.

FÜR 4 PERSONEN

ORANGEN-CRÈME-BRULÉE

MIT KARAMELLISIERTEN PISTAZIENKERNEN

ZUTATEN

FÜR DIE CREME
1 Bio-Orange
4 Eier (Größe L)
1 Vanilleschote
200 g Sahne
50 g Zucker
Salz

AUSSERDEM
1 EL Zucker
6 EL geschälte Pistazienkerne

ZUBEREITUNG

1. Für die Creme die Orange heiß waschen, abtrocknen und die Schale fein abreiben. Die Eier trennen. Die Vanilleschote längs aufschneiden und das Mark mit einem Messer herauskratzen. Die Orangenschale mit Sahne, Zucker, 1 Prise Salz, Vanillemark und Vanilleschote in einem Topf bis kurz vor dem Siedepunkt erwärmen. Alles durch ein feines Sieb passieren und abkühlen lassen.

2. Die Eigelbe zur Sahnemasse geben und mit einem Schneebesen unterrühren (die Eiweiße anderweitig verwenden). Die Masse in einem Vakuumbeutel vakuumieren oder in einen Ziplock-Beutel geben. Im Wasserbad bei **80 °C 1 Stunde 20 Minuten** erwärmen. Zwischendurch den Beutel durchkneten (Ofenhandschuh anziehen). Die Creme auf Schälchen verteilen und mindestens 8 Stunden kühl stellen.

3. Etwa 1 Stunde vor dem Servieren 1 EL Zucker und 2 EL Wasser in einer Pfanne erhitzen, bis der Zucker aufgelöst ist. Pistazienkerne hinzufügen und die Pfanne hin und her bewegen, bis die Flüssigkeit komplett verdampft ist und sich eine Zuckerkruste gebildet hat. Die karamellisierten Pistazien abkühlen lassen und grob hacken. Die gestockte Creme damit bestreuen.

GARZEIT: 25 MIN.
KÜHLZEIT: 12 STD.
BACKZEIT: 20 MIN.
ZUBEREITUNGSZEIT: 30 MIN.

FÜR 4 PERSONEN

RHABARBER

MIT QUARKCREME UND STREUSELN

ZUTATEN

FÜR DEN RHABARBER
500 g Rhabarber
200 ml Rhabarbersaft
2 EL Zucker

FÜR DIE STREUSEL
100 g Mehl (Type 405)
50 g Zucker
50 g weiche Butter
½ TL abgeriebene Schale 1 Bio-Zitrone
1 Päckchen Vanillinzucker

FÜR DIE CREME
250 g Magerquark
60 g Puderzucker
Mark 1 Vanilleschote
1 TL abgeriebene Schale 1 Bio-Zitrone
200 g Sahne

AUSSERDEM
100 g weiße Schokolade

ZUBEREITUNG

1. Am Vortag den Rhabarber waschen, putzen, eventuell entfädeln und in 10 cm lange Stücke schneiden. Den Rhabarbersaft mit dem Zucker offen sirupartig einkochen lassen. Mit den Rhabarberstücken in einem Vakuumbeutel vakuumieren oder in einen Ziplock-Beutel geben und im Wasserbad bei **75 °C 25 Minuten** garen. Den Rhabarber im Vakuumbeutel abkühlen und über Nacht ziehen lassen.

2. Für die Streusel das Mehl mit Zucker, weicher Butter, Zitronenschale und Vanillinzucker mit den Händen verkneten. Die Steusel abgedeckt 30 Minuten kühl stellen. Den Backofen auf 165 °C (Ober-/Unterhitze) vorheizen. Ein Backblech mit Backpapier auslegen. Die Steusel auf dem Blech verteilen und im heißen Ofen (Mitte) in 20 Minuten goldbraun backen. Dann herausnehmen und abkühlen lassen.

3. Für die Creme den Magerquark mit Puderzucker, Vanillemark, Zitronenschale in einer Schüssel verrühren. Die Sahne steif schlagen und vorsichtig unter den Quark heben.

4. Die weiße Schokolade mit einem Sparschäler in Späne hobeln. Den Rhabarber in Stücke schneiden und mit dem Sud auf tiefe Teller verteilen. Die Creme mit einem Löffel daraufsetzen, Streusel und Schokoladenspäne daraufgeben und servieren.

TIPP

Nach Belieben können Sie noch frische Erdbeeren dazu servieren.

GARZEIT: 1 STD.
ZUBEREITUNGSZEIT: 35 MIN.

6 SCHRAUBWECKGLÄSER À 150–200 ML

WARMER SCHOKOLADENKUCHEN

MIT SAHNE UND BUCHWEIZENKROKANT

ZUTATEN

FÜR DEN TEIG

160 g Zartbitterschokolade (mind. 53% Kakaogehalt)
120 g weiche Butter
80 g Zucker
3 zimmerwarme Eier (Größe L)
160 g gemahlene Mandeln
1 TL Speisestärke
Salz
¼ TL Backpulver

FÜR DEN KROKANT

50 g Buchweizen
1 EL Honig
20 g Kakao-Nibs
30 g Haselnussblättchen

AUSSERDEM

Butter für die Gläser
Semmelbrösel für die Gläser
200 g Sahne

ZUBEREITUNG

1. Die Gläser einfetten und mit Semmelbröseln ausstreuen. Für den Teig die Zartbitterschokolade schmelzen lassen. Die weiche Butter mit Zucker schaumig schlagen. Die Eier nach und nach zugeben und unterschlagen. Schokolade, gemahlene Mandeln, Speisestärke, 1 Prise Salz und Backpulver unterrühren. Den Teig in die Gläser füllen und diese fest verschließen. Im Wasserbad bei **82 °C 1 Stunde** garen. (Die Gläser einfach mit einem Stein oder Mörser beschweren, wenn sie an die Oberfläche steigen.) Die Schokoladenküchlein herausnehmen und 30 Minuten abkühlen lassen.

2. Inzwischen den Backofen auf 200 °C (Ober-/Unterhitze) vorheizen. Ein Backblech mit Backpapier auslegen. Den Buchweizen darauf verteilen und im Ofen (Mitte) 10 Minuten rösten. Honig, Kakao-Nibs und Haselnussblättchen zugeben, alles durchrühren und weitere 5 Minuten rösten, bis die Mischung goldbraun karamellisiert ist. Den Krokant abkühlen lassen und grob hacken.

3. Die Sahne halbsteif schlagen. Die Küchlein auf Dessertteller stürzen, mit Sahne und Krokant bestreut servieren.

TIPP

Nach Belieben Früchte oder Beeren nach Saison dazu reichen.

GARZEIT: 1 STD.
ZUBEREITUNGSZEIT: 30 MIN.

FÜR 4 PERSONEN

SOUS-VIDE-APFEL

MIT VANILLEEIS UND DULCE DE LECHE

ZUTATEN

2 mittelgroße säuerliche Äpfel (z. B. Elstar)
1 Zimtstange
1 Vanilleschote
1 Sternanis
2 EL Apfelschnaps (z. B. Calvados, nach Belieben)
4 EL Apfelsaft
20 g Butter
200 ml Vanilleeis
500 ml Dulce de Leche (siehe S. 172)

ZUBEREITUNG

1. Die Äpfel schälen, halbieren und entkernen. Die Hälften mit den Gewürzen, dem Apfelsaft und nach Belieben mit Apfelschnaps in einem Vakuumbeutel vakuumieren oder in einen Ziplock-Beutel geben. Im Wasserbad bei **90 °C 1 Stunde** garen. Im Vakuum abkühlen und 4 Stunden ziehen lassen.

2. Die Butter zerlassen. Die Äpfel aus dem Beutel nehmen und in der Butter schwenken. Die Apfelhälften mit Vanilleeis anrichten und nach Geschmack mit Dulce de Leche beträufeln.

TIPP

Mal was anderes: Mit etwas Meersalz und rotem Klee bestreut servieren.

REGISTER

L

M

N

O

P

Q

R

S

T

V

W

Z

DANKSAGUNG

WIR DANKEN

dem EMF-Verlag und seinem sympathischen Team, insbesondere unserer Redakteurin Juliane Rottach, die uns auch bei diesem Buchprojekt mit aller Tatkraft unterstützt hat. Für das tolle Equipment danken wir der Firma STEBA Elektrogeräte, ebenso der Firma PLAYGROUND für das schöne Geschirr. Kurzum: Danke an alle internen und externen Mitstreiter, die zum Gelingen dieses Buches beigetragen haben.

ÜBER DIE AUTOREN

GUIDO SCHMELICH

GUIDO SCHMELICH ist erfahrener Rezeptentwickler und Foodfotograf. Im Leben des gebürtigen Westfalen dreht sich alles rund ums Thema Essen.

MICHAEL KOCH

Bei **MICHAEL KOCH** ist der Name Programm! Nach fast 20 Jahren als Foodstylist, Koch und Rezeptentwickler ist er immer noch Feuer und Flamme für seinen Beruf und die große Welt der Kulinarik.

In ihrem ersten gemeinsamen Kochbuch führen sie Hobbyköche in die Kunst des Sous-Vide-Garens ein.

NOCH MEHR TOLLE BÜCHER

SMÖRGÅS – GEMEINSAM GEMÜTLICH GENIESSEN
100 Rezepte für opulente Buffets

ISBN: 978-3-86355-911-3

20,00 € (DE)/ 20,60 € (AT)

AROMENFEUERWERK – MEINE KREATIVE LANDKÜCHE
Besondere Rezepte für alle Jahreszeiten

ISBN: 978-3-86355-752-2

29.99 € (DE)/ 30.90 € (AT)

AUFGEDECKT – DIE GEHEIMNISSE DER SPITZENKÜCHE
Die besten Rezepte einfach nachgekocht

ISBN: 978-3-86355-787-4

24.99 € (DE)/ 25.70 € (AT)

JA, ICH GRILL!
70 Rezepte zum Niederknien. Mit Craft-Beer-Guide

ISBN: 978-3-86355-978-6

20.00 € (DE)/ 20.60 € (AT)

IMPRESSUM

Bibliografische Information der Deutschen Bibliothek.

Die Deutsche Bibliothek verzeichnet diese Publikation in der Deutschen Nationalbibliografie.

Detaillierte bibliografische Daten sind im Internet über http://www.dnb.de/ abrufbar.

EIN BUCH DER EDITION MICHAEL FISCHER

1. Auflage 2018

Covergestaltung: Michaela Zander
Layout und Satz: Michaela Zander
Lektorat: Maryna Zimdars, Unterföhring
Produktmanagement: Juliane Rottach
Fotografie: Kitchenkiss photography, Holzkirchen b. München
Illustrationen S. 26/27: Yvonne Witzan
Icons: S. 43: ©RedKoala/Shutterstock; S. 71: ©VendeDesign/Shutterstock; S. 85 und Cover: ©sRenee/Shutterstock; S. 123 und Cover: ©Olga Ermakova/Shutterstock; S. 141 und Cover: ©nikiteev_konstantin/Shutterstock; S. 153 ©Serhiy Smirnov/Shutterstock; S. 163: ©Maxim Cherednichenko/Shutterstock; S. 179: ©freesoulproduction/Shutterstock

ISBN 978-3-96093-074-7

Gedruckt bei Polygraf Print, Čapajevova 44, 08001 Prešov, Slowakei

www.emf-verlag.de